بے لاگ باتیں

(تبصرے اور تجزیے)

رفعت شمیم

عرشیہ پبلی کیشنز، دہلی
کتاب دار

کتاب : بے لاگ باتیں (تبصرے اور تجزیے)
مصنف : رفعت شمیم
پتا : 135, Chaplin Rd. Wembley, London HA0 4UN
اشاعت : ۲۰۲۲ء
سرورق : آذر اور مشعل

ناشر : عرشیہ پبلی کیشنز، دہلی اور
کتاب دار، جلال منزل، ٹیمکر اسٹریٹ، ممبئی-400008

BE-LAAG BATEIN

Essays on some plays & playwrights & critical appreciation of the contribution made by some British Urdu writers in fiction & poetry

by **Rifat Shamim**

Mob: +447536541881

Email: rifat.shamim@gmail.com

Edition : 2022

Title cover : Aa-zar and Mish-al
Publisher : Arshia Publications, Delhi &
KITABDAAR, 108/110, Jalal Manzil,
Temkar Street, Mumbai - 400 008.
Mob: 9869321477 - 2341 1854
E-mail : kitabdaar@gmail.com
Website : www.kitabdaar.com

(یہ کتاب پرتیک آفسٹ، گائے واڑی، ممبئی سے شائع کی گئی ہے۔)

انتساب

استاذِ مشفق مرحوم جناب جالبؔ مظاہری

اسکول کی طالبِ علمی کے دوران زبان و بیان اور نظم و نثر کے محاسن سے میری بنیادی آگاہی درحقیقت استادِ محترم مرحوم جالبؔ صاحب کے فیضانِ علم کی رہین منت ہے

'ذرے کو ملی تابش خورشید تجھی سے'

فہرست

احوالِ واقعی

زیرِ نظر کتاب میں میرے وہ چند مضامین شامل ہیں، جنھیں میں نے پچھلی ایک دو دہائیوں کے درمیان گاہے بگاہے سپردِ قلم کیا ہے۔ زبان وادب اور تھیٹر سے متعلق موضوعات پر بےلاگ باتیں، کچھ تنقیدی تبصروں پر مشتمل ہیں اور کچھ شخصی جائزوں پر۔ البتہ اس نثری مجموعے کے کچھ مضامین مختلف رسائل و جرائد میں بھی شائع ہوئے ہیں اور کچھ لندن میں شعری مجموعوں کی تقریبِ اجرا میں بھی پیش کیے جا چکے ہیں۔ اس طویل عرصے کے دوران خاکسار کو نہ کبھی توفیق ہوئی اور نہ ہی تھیٹر کی مصروفیات نے اتنی مہلت دی کہ اپنی ان تحریروں کے بکھرے ہوئے اوراق کو یکجا جمع کر کے انھیں ایک کتابی شکل دے سکوں۔ مگر کچھ یوں ہوا کہ پچھلے دو برسوں سے دنیا بھر میں کم بخت کرونا کی موذی وبا کیا عام ہوئی کہ ادب اور تھیٹر کی تمام عملی ثقافتی سرگرمیاں یک لخت معطل ہو گئیں۔ کرونا کے اِس پُرآشوب عہد میں شہر کے اکثر علاقوں میں لاک ڈاؤن نافذ کر دیا گیا اور ہم جیسے عمر رسیدہ لوگ اپنے اپنے گھروں میں احتیاطاً حفظِ ماتقدم کے طور پر مقید ہو کر رہ گئے تب اُس دوران اپنے آپ کو ذہنی طور سے متحرک رکھنے کے لیے میں نے روزانہ کے ترتیب شدہ لائحۂ عمل میں پرانی کتابوں اور فائلوں کی ورق گردانی کو بھی شامل کرنا ضروری سمجھا۔ چنانچہ ایک دن کچھ بوسیدہ پرانی فائلیں جنھیں میں رڈی کی نذر کرنا چاہتا تھا، ہاتھ لگ گئیں۔ غور سے دیکھا تو یہ چند مضامین بکھرے ہوئے شکستہ کاغذوں سے جھانکتے نظر آئے۔ پس اس طرح اب اچھی خاصی مصروفیت کا ایک کارآمد نسخہ ہاتھ لگ گیا اس بکھراؤ کو جوڑنے، جمع کرنے اور اس کے نوک پلک سنوارنے میں ایامِ کرونا کی اسیری

بایں صورت کار آمد ادبی مصروفیت میں تبدیل ہوگئی جس کا ماحصل اب بے لاگ باتیں' ہیں جو پیشِ نظر ہیں۔ یہ مضامین کس قدر ادبی اہمیت و افادیت کے حامل ہیں اس کا انحصار قاری کے اپنے ذوقِ نقد و نظر پر ہے۔ ویسے میں اپنی تخلیقی کاوش پر بذاتِ خود کسی غلط فہمی میں مبتلا نہیں ہوتا البتہ فارسی کے اس شعر کے نفسِ خیال سے بصد اعتماد استفادہ کرتا ہوں:۔ تا مرد سخن نہ گفتہ باشد   عیب و ہنرش نہفتہ باشد

لیکن فی الوقت یہ کہتے ہوئے بے حد دکھ ہو رہا ہے کہ اس طویل عرصے کے درمیان چند نہایت ہی قابل قدر صاحب قلم احباب جناب افتخار اعظمی، سلطان فاروقی اور علامہ عادلؔ جن کی نسبت سے میں نے اپنے تجزیاتی تاثرات کو ان چند مضامین میں شامل کیا ہے، افسوس! وہ سب ہم سے اب ہمیشہ کے لیے بچھڑ چکے ہیں خداوند کریم ان سب کی مغفرت فرمائے۔ اس کے علاوہ چند ایسے مضامین بھی ہیں جن میں کچھ حقایق سے متعلق اعداد و شمار کے جو حوالے دیے گئے ہیں ان کے عصری انسلاک کی نوعیت آج عہدِ حاضر کے تناظر میں بدل چکی ہے جو بہر حال ناگزیر ہے۔

کتاب کے انتخابِ عنوان اور دیگر گراں قدر صائب مشوروں کے ضمن میں اپنے نہایت ہی محترم کرم فرما جناب عدیلؔ صدیقی کا تہ دل سے مشکور ہوں اور جناب جاوید صدیقی بھی اس کارِ خیر میں شامل ہیں جنھوں نے بہر نوع ابر نیساں سے گوہر برسانے کی کوشش فرمائی۔ اسی سلسلے میں اپنے نہایت ہی عزیز الیاس شوقیؔ صاحب کی فکری رہنمائی کا بھی معترف ہوں۔ میں سپاس گزار ہوں برطانیہ کی شاعرہ و افسانہ نگار محترمہ نجمہؔ عثمان کا کہ جن کی دعائیں اس تخلیقی کوشش میں حوصلہ افزا ثابت ہوئیں۔

اب اس کے بعد مجھے یہ کہنے میں قطعاً عار نہیں کہ کتاب کی تکمیل اشاعت کے امور میں اپنی بزرگی کا فائدہ اٹھاتے ہوئے میں نے شاداب میاں کو خاصا زیر بار کیا ہے یہ ان کی ہی محنت و محبت ہے جس کے سبب کتاب نے بقول غالبؔ "آب و تاب انطباع کی پائی"

آخر میں اپنی اہلیہ اور اپنے گھر کے چشم و چراغ آذر اور مشعل کے حق میں دعا گو ہوں کہ مشعل کی ایک منتخب پینٹنگ کے علامتی نقش سے آذر نے کتاب کے سرورق کی آرائش وتزئین کی اور شہوار نے حسب معمول ایسے سب تخلیقی کاموں کے لیے آسانیاں فراہم کیں۔

واسطے فکرِ مضامین متیں کے، غالبؔ
چاہیے خاطرِ جمع و دلِ آرامیدہ

رفعت شمیم

تھیٹر اور یک بابی تمثیل سے متعلق چند فکری نظریات

- فی الحقیقت پُر اثر توانا تھیٹر ہی اپنے ناظرین کو نہ صرف مضطرب و متحرک رکھتا ہے بلکہ احتجاجی جذبے سے بھی سرشار کرتا ہے

- بیشتر ممتاز تمثیل نگار کسی واحد طرز و فلسفے کے اسیر نہیں ہوتے۔

- اسٹیج کو اکثر سماجی اور سیاسی اظہارِ رائے کے لیے استعمال کیا جاتا ہے۔

- یہ نظریہ قطعی غلط فہمی پر مبنی ہے کہ ایک موثر یک بابی ڈرامے کی تخلیق طویل ڈرامے کی بہ نسبت آسان ہے۔

اردو یک بابی ڈراما

پس منظر اور مختصر جائزہ

مختصر افسانے کی طرح یک بابی ڈراما بھی انسانی قدروں کے ابلاغ کا نہایت ہی مؤثر ذریعہ ہے۔اس کے اختصار میں موضوع کا بے پناہ پھیلاؤ ہے، تاہم دونوں ادبی اصناف کے فکری اظہار کا طریقۂ کار ایک دوسرے سے مختلف ہے۔افسانہ قاری کے ذہن کو براہِ راست جمالیاتی جذبۂ نشاط سے سرشار کرتا ہے لیکن ڈرامے کا دائرۂ اثر اسٹیج کے تکنیکی لوازمات کے بغیر نامکمل ہے۔یعنی افسانے کے فکر وخیال کی ترسیل الفاظ وتحریر کے ضابطے میں عمل پاتی ہے، جب کہ ڈرامے کا بھرپور وجود اور تاثر اسٹیج اور اسٹیج کے ضروری تکنیکی ذرائع کا محتاج ہے۔

یک بابی ڈراما میرے نزدیک سہل ممتنع کے مترادف ہے، جس کی محدود ہئیت میں وسعت کو سمونا بڑی جانفشانی اور عرق ریزی کا کام ہے۔اس صنف کا اختصار تخلیق کار کے فکر و قلم پر پابندیاں عائد کرتا ہے کہ اسے طویل (Full Length) ڈرامے کی طرح نہ تو پلاٹ کے تدریجی ارتقا کا وقت نصیب ہے اور نہ ہی مکالموں کے ڈرامائی تسلسل کا موقع۔مرکزی اظہار خیال کچھ ہی وقفے میں روایتی قید و بند سے بے نیاز ہو کر ہر سمت اپنے تاثر کے تارو پود بننے لگتا ہے۔یہی سبب ہے کہ اس صنف کے اندر کردار و عمل کا بتدریج نشو ونما پانا ممکن نہیں۔پردہ اُٹھتے ہی ڈرامائی عمل، اس کی رفتار، کہانی کا ارتقا اور کرداروں کی کشمکش کا عروج دیکھنے والوں پر عیاں اور اثر انداز ہونے لگتا ہے۔چنانچہ یہ خیال کہ یک بابی ڈرامے کی تخلیق ایک طویل ڈرامے کی بہ نسبت آسان ہے۔صریحاً گمراہ کن ہے۔

اردو میں یک بابی ڈرامے کی ابتدا کب اور کیسے ہوئی اس کے حتمی تعین میں تاریخی اختلاف ہوسکتا ہے تاہم وثوق سے کہا جاسکتا ہے کہ پارسی تجارتی تھیٹر کمپنی کے توسط سے اس صنف کی نشاندہی ممکن ہے۔ مغرب میں یک بابی ڈرامے کی تاریخِ ابتدا عجیب دلچسپ ہے۔ یورپ میں اس صنف کا آغاز ۱۸۰۰ء کے اطراف میں ہوا۔ یہ وہ دور تھا جب کہ طویل المیہ ڈراموں کا چلن عام ہو چکا تھا۔ ان کے المناک جذباتی واقعات کے تسلسل کے درمیان ایک مختصر سے وقفے کے لیے طنز و مزاح کا مسالہ جمع کیا گیا۔ جس نے تماش بینوں کو تفریحِ طبع اور شدتِ غم سے فرار کا ایک موقعہ فراہم کیا۔ اس طرح نہ صرف لوگوں کو ہنسنے ہنسانے کا سامان میسر ہوا بلکہ المیے کے ہیجان سے کسی حد تک ذہنی تنقیے کا نسخہ بھی ہاتھ لگ گیا۔ شروع میں اس مختصر سے دلچسپ دورانیے کو اصل ڈرامے سے پہلے افتتاحیہ کی صورت میں اسٹیج پر پیش کیا گیا جس نے عوام میں Curtain Raiser کے نام سے رواج پایا۔ اس طرح دلچسپ مختصر افتتاحیہ نے تاخیر سے آنے والے امرا اور رؤسا کے انتظار کے لیے سہولت فراہم کر دی اور اصل ڈرامے کے لیے لوگوں کے مزاج کو ہموار کیا۔

بہر حال ایک طویل المیہ ڈرامے کے دوران عوامی تفریح کو مدِّ نظر رکھتے ہوئے واقعات، کردار اور مکالموں کے ذریعے ایک مضحکہ خیز صورتِ حال پیدا کی گئی۔ جس نے ڈرامے کے مرکزی پلاٹ اور مرکزی کرداروں سے ہٹ کر طویل ڈرامے کی بُنت میں اپنی ایک دلچسپ ثانوی حیثیت اختیار کر لی۔ یہی ثنویت بعد میں مرکزی کہانی کا ایک جزو لاینفک بن گئی۔ انجام کار اس بدعت سے فائدہ یہ ہوا کہ دیکھنے والوں کی تعداد میں اضافہ ہو گیا اور تھیٹر کمپنی کے مالکان کی آمدنی میں خاصی ترقی بھی ہوگئی۔

ہندوستان کے قدیم سنسکرت ادب اور یونان کے قدیم ڈراموں میں بھی مختصر ڈراموں کا وجود دریافت کیا جاسکتا ہے۔ خاص کر سنسکرت کے طویل ڈراموں کے عہد میں ایکانکی کا رواج عام تھا۔ لیکن برہمنی سنسکرتی دور کے زوال کے بعد ایک مدت تک یہ صنف الگ

سے اپنے پیروں پر کھڑی نہ ہوسکی۔ سنسکرت کی مشہور کتاب 'ساہتیہ درپن' میں روپک کی دس قسموں کا ذکر کیا گیا ہے۔ جس میں 'بھان' یک بابی ڈرامے کے مماثل ایک قسم خیال کی جاسکتی ہے۔

یہ ایک دلچسپ حقیقت ہے کہ فرانس میں ایکانکی کے مختصر ترین اسلوب (Genre) کو ایک مخصوص نام سے موسوم کیا گیا۔ ہوا یوں کہ ۸۵-۱۸۷۵ء کے آس پاس فرانس کے Guiches & Lavedan نامی فنکاروں نے "Entre Frere's" کے عنوان سے ایک مختصر ایکانکی اسٹیج کیا جس کا دورانیہ محض پندرہ منٹ کے قلیل عرصے تک محدود تھا۔ اس ڈرامے کے منظر عام پر کامیاب ہونے کے فوراً بعد ہی اس صنف کو "Quarte D'Heure" کے نام سے منسوب کر دیا گیا اور اس طرزِ تمثیل کو فرانس کے مشہور لبرل تھیٹر (The Theatre of Libr'e) کے عہد میں ایک خاص مقام حاصل ہو گیا۔

"Entre-Frere" کا ڈرامائی عمل اپنے اختصار کے دائرے میں عروج و اختتام کے تمام مدارج طے کر لیتا ہے۔ سارا ایکشن اس ایک منظر پر مرکوز ہو جاتا ہے کہ اونچی ذات کے رئیس گھرانے کی ضعیف بیوہ بستر مرگ پر دراز ہے۔ جانکنی کا عالم ہے۔ اطراف میں اس کے تین چھوٹے بڑے بیٹے مغموم کھڑے ہیں کہ اچانک اس کی آنکھ کھلتی ہے اور کپکپاتے ہونٹوں سے اس کے منہ سے یہ جملہ نکلتا ہے۔ ''سنو بیٹو! تم تینوں میں سے میری ایک اولاد حرامی ہے۔'' اس کے بعد پھر اس پر سکتہ طاری ہو جاتا ہے۔ تینوں لڑکے ایک عجیب اضطرابی الجھن میں مبتلا ہو جاتے ہیں۔ بڑا بیٹا (ولی عہد، رئیس زادہ) جو اپنے خاندان کا اب واحد سربراہ ہے۔ قدرے تامل سے ایک فیصلہ صادر کرتا ہے، ''بیشک، ہو نہ ہو یہ ہمارا سب سے چھوٹا بھائی ہی حرامی ہوسکتا ہے۔ خبردار! یہ راز، راز ہی رہے۔ تم، تم کو ہمیشہ کے لیے یہاں سے دفعان ہونا پڑے گا۔ تاکہ شہر کے اندر ہمارے حسب ونسب کی

بدنامی نہ ہو۔" بڑھیا اس دوران اچانک ہوش میں آتی ہے اور بڑے لڑکے سے بمشکل تمام اتنا کہہ پاتی ہے، "مارکس! وہ۔۔۔وہ تم ہو بیٹا۔۔۔جو۔۔۔۔" اس کے بعد وہ ہمیشہ کے لیے خاموش ہو جاتی ہے۔ یہی ڈرامے کا منطقی انجام و اختتام ہے۔

ہندوستان میں یک بابی ڈرامے کی ابتدا بڑی حد تک تجارتی اور تفریحی عوامل کی مرہونِ منت رہی ہے۔ پارسی تھیٹر کمپنیوں کے آغاز ہی میں غیر زبانوں سے اردو میں ترجمہ کیے ہوئے ڈرامے منظرِ عام پر آنا شروع ہو گئے تھے۔ لیکن مغربی ڈراموں کی طرح یہاں اس صنف میں ایک عرصے تک کسی نمایاں کام کا سراغ نہیں ملتا۔ حالانکہ اس عہد میں اردو کی چند ابتدائی مکالمہ نما مختصر کہانیوں پر مختصر ڈرامے کا موہوم سا گمان ضرور ہوتا ہے لیکن یک بابی ڈرامے کی کوئی واضح شکل ابھر کر نہیں آتی۔ رفتہ رفتہ ترجموں کے ذریعے جو یک بابی ڈرامے اسٹیج پر نمودار ہوئے ان میں سے:

Monkey's Paw, Bishop's Candle, Mr. Box & Cox, These cornfields, A-Nativity Play, The dear departed وغیرہ روایتی ڈرامے اسکول، کالج اور عیسائی اداروں کی سطح پر کھیلے گئے۔
شروع میں اردو ڈراموں کا دائرہ عمل مذہبی پند و نصائح یا تفنن طبع کے موضوعات تک محدود رہا لیکن بعد میں انگریزی، بنگالی، مرہٹی اور جنوبی ہند کی دیگر زبانوں میں نوشتہ ڈراموں کے اثرات سے اردو میں ایک نئے طرز پر یک بابی ڈرامے لکھنے اور پیش کرنے کا شعور بیدار ہوا۔ حالانکہ ۱۹۴۷ء سے قبل بھی اردو کے چند مشہور و معروف ادیب و شعرا نے اس صنف میں طبع آزمائی کی تھی * جن میں عبدالحلیم شرر، مرزا محمد ہادی رسوا، پریم چند، عبدالماجد دریا آبادی، فانی بدایونی، آرزو لکھنوی، پنڈت سدرشن، مولانا ظفر علی خاں، منشی دیانرائن نگم، برج موہن دتاتریہ، نیاز فتح پوری، سیماب اکبر آبادی وغیرہ کے نام

---

* سرسید کا ترتیب دیا ہوا ایک ڈراما ۱۸۹۴ء میں علی گڑھ میں نمائش کے موقع پر پیش کیا گیا تھا۔

قابل ذکر ہیں ۔سامراجی استبداد، جنگ آزادی اور حب الوطنی ان ادیبوں کے نہایت ہی پسندیدہ اور مقبول موضوعات تھے یہ سلسلہ ۱۹۴۷ء کے بعد بھی کچھ عرصے تک جاری رہا لیکن آزادی کے بعد تقسیم ہند کے المیے سے متعلق سیاسی، سماجی اور رومانی مضامین بھی اُردو کے ڈراموں میں شامل ہو گئے ۔جن ادیبوں نے اس زمانے کی انقلابی سیاسی فضا میں اردو کے طویل اور یک بابی ڈرامے تحریر کیے ان کی فہرست میں:

ساغر نظامی، اختر شیرانی، صلاح الدین احمد، اپندر ناتھ اشک، اختر حسین رائے پوری، علی سردار جعفری، خواجہ احمد عباس، کرشن چندر، سجاد ظہیر، رشید جہاں، راجندر سنگھ بیدی، مجنوں گورکھپوری، ظ ۔انصاری، وشوامتر عادل، عصمت چغتائی، عابد حسین اور ڈاکٹر ذاکر حسین کے نام نامی نمایاں ہیں لیکن ان میں سے بیشتر قلم کاروں کا مقصد ملک میں زیادہ تر نعرہ بازی کے لیے ڈرامے کے میڈیم کو استعمال کرنا تھا۔ نیز وہ اسٹیج کی تکنیکی ضروریات اور فنی لوازمات سے بذاتِ خود عملاً ناواقف تھے اس لیے یہ حضرات کرام اردو ادب میں بحیثیت ڈراما نگار اپنی شناخت قائم کرنے میں ناکام رہے ۔تاہم حب الوطنی، تقسیم ملک، ترقی پسند، اشتراکیت سے متعلق موضوعات پر ان کے تحریر کردہ جذبات انگیز ڈرامے منظرِ عام پر آئے اور سراہے گئے ۔ان کے علاوہ اس دور کے چند مزاح نگاروں مثلاً شفیق الرحمان، ابراہیم جلیس، کنہیالال کپور اور شوکت تھانوی نے بھی طنز و مزاح کے چٹکلوں سے بھرپور فارسیکل اسکٹ (Farsical Skits) کے انداز پر مختلف ڈرامے لکھے جس میں انھوں نے اپنے عہد کی اخلاقی، سماجی اور تعلیمی قدروں کے ابتذل کی مزاحیہ رنگ میں عکاسی کی ۔لیکن یہ ساری کاوشیں اردو ڈرامے کے لیے نیم سنجیدہ اور سطحی حد تک محدود رہیں ۔

تقسیم ملک سے پہلے جن قلم کاروں کی ڈراما نگاری کی حیثیت سے باقاعدہ شناخت ہو گئی تھی ان میں آغا حشر کاشمیری اور امتیاز علی تاج اور اور کچھ دیگر قلم کاروں کے اسمائے گرامی طویل ڈراموں کی تخلیق میں ہمیشہ زندہ رہیں گے ۔لیکن اس کے بعد کے دور میں اپندر

ناتھ اشک، جاوید اقبال، اصغر بٹ اور ناصر شمسی کے بابی ڈرامے یقیناً اس اثاثے میں اضافے کا باعث ہیں۔

بیسویں صدی کے آغاز نے مغرب کی سرزمین پر مغربی ادب، فلسفہ، تاریخ، سیاست، معاشیات، مذہب، سائنس غرض ہر شعبۂ حیات میں ایک جدید فکری ہلچل پیدا کر دی تھی جس نے ایک نئے زاویۂ فکر کی بنیاد کو مستحکم کیا۔ یورپی ممالک خاص طور سے جرمنی، فرانس، اٹلی اور انگلستان کے تخلیق کاروں نے ادب کے اندر اساطیری، رومانی، فطری اور لایعنی علامات پر مبنی ہر طرح کے اسلوب و مضامین میں نت نئے تجربے کیے جن کے ذریعے جدید فکری نظریات اور تکنیکی اسالیب وجود میں آئے۔ چنانچہ ہوا یہ کہ یک بابی ڈرامے کی صنف بھی بالواسطہ ان تجربات سے مستفیض ہوئی اور خیال و مفہوم کے تنوع اور وسعت نے ڈرامے کی روایتی پابندیوں پر کاری ضرب لگائی۔ مغرب کے عظیم فنکار جو جدید فکری ڈرامے کے علم بردار تھے ان میں سے چند اہم نام حسبِ ذیل ہیں:

انتون چیخوف (Anton Chekhov)، ژاں انوایل (Jean Anouilh)، مورس میٹرلنک (Maurice Mater Link)، ولیم سرویاں (W. Saroyan)، ژراڈو (Giraudoux)، بریخت (Brecht)، سنج (Synge)، سارت (Sartre)، آئنیسکو (Ionesco)، برنارڈ شا (G.B. Shaw)، جان آزبورن (J.Borne)، ہیرلڈ پنٹر (H.Pinter)

اردو ادب نے مغرب کے جدید فکری انقلاب کے اثرات سے اپنی حسب استطاعت استفادہ کیا اور ۱۹۴۷ء کے بعد کچھ پرانے اور کچھ نئے تخلیق کاروں نے جن کی شناخت اردو ادب میں پہلے سے قائم کی تھی، ڈرامے کے صنف کو عملی طور پر فروغ دیا جن میں:

امتیاز علی تاج، منٹو، پطرس بخاری، شان الحق حقّی، آغا اشرف، جے این کوشل، انور سجاد، رشید جہاں، حبیب تنویر، صفدر ہاشمی، رفعت سروش، قدسیہ زیدی، شیلا بھاٹیہ، کمال احمد رضوی،

نادرہ ببر، ظہیر انور جیسی معروف شخصیتوں نے مغرب کے ڈراما نگار، آسکر وائلڈ، جے بی پریسٹلی، شیکسپیئر، چیخوف، جارج فیڈو، برنارڈ شا، مولیر، اناطول، ابسن، بریخت، آزبورن اور لورکا جیسے فنکاروں کے شاہکار ڈراموں کو اردو (ہندوستانی) کا جامہ پہنایا۔ جن میں سے اکثر ڈرامے کئی بار اسٹیج بھی ہوئے (منیب الرحمن کا ترجمہ شدہ شیکسپیئر کا ڈراما، انٹونی قلوپطرہ، اسی زمانے میں علی گڑھ یونی ورسٹی میں اسٹیج ہوا جو بے حد پسند کیا گیا۔)

اس میں شک نہیں کہ اردو یک بابی ڈرامے کے فروغ میں بمبئی یونی ورسٹی، عثمانیہ یونی ورسٹی، حیدرآباد، جامعہ ملیہ اسلامیہ۔ نئی دہلی، بھوپال آرٹ سینٹر، راجندر بھارتی یونی ورسٹی، بنگلور یونی ورسٹی، پنجاب یونی ورسٹی اور بڑودہ یونی ورسٹی جیسے تعلیمی اداروں کے اساتذہ اور طلبا کا قابل قدر حصہ رہا ہے۔ دہلی کے تال کٹورہ گارڈن میں ہر سال یوتھ فیسٹیول کے موقعے پر منعقد ہونیوالے ڈرامائی مقابلوں میں ان درس گاہوں نے یک بابی ڈرامے پیش کیے اور اعزاز وانعامات حاصل کیے۔

۵۰، ۶۰ء کے آس پاس ہندوستان کے طول وعرض میں تعلیمی اور کلچرل اداروں کی سطح پر اساتذہ اور طلبا کی ایک ایسی جماعت ابھر کر آئی جنھیں اردو زبان سے شغف تھا۔ انھوں نے اپنی علمی استطاعت کے مطابق کالج کے سالانہ ڈرامائی مقابلوں میں یک بابی ڈراموں کی تخلیق بڑے جوش وانہماک سے کی اور ادبی تخلیقی کاوشوں کو بڑے طمطراق سے اسٹیج پر پیش کیا۔ ان میں سے بیشتر فنکار، اردو کے نہ مستند ادیب تھے نہ ہی انھوں نے عالمی ڈرامے کا گہرا مطالعہ کیا تھا۔ چونکہ اردو زبان میں لکھنا پڑھنا اور بولنا ان کا معمول تھا۔ اس لیے انھوں نے اسٹیج کی ضروریات کو سامنے رکھ کر حتی المقدور طبع آزمائی کی اور اپنے حلقۂ احباب میں داد وتحسین حاصل کی۔ ان کے اس ذوق وشوق کی فراوانی سے ایک بہت ہی اہم فائدہ یہ ہوا کہ یک بابی ڈراما لکھنے اور کھیلنے کی روش عام ہوگئی۔ اپنی تعلیم کے اختتام پر ان میں سے اکثر حضرات نے تلاشِ معاش میں مصروف ہو کر اپنے ڈرامے کے شوق

کو ہمیشہ کے لیے خیر باد کہہ دیا۔لیکن کچھ ایسے بھی تھے جنھوں نے اپنے ذوق کی مسلسل آبیاری کی۔وہ باقاعدگی سے ڈرامے لکھتے اور کھیلتے رہے اور اس ایک موقع کے حصول میں سرگرداں رہے جس کے ذریعے وہ کمرشیل تھیٹر یا فلم تک پہنچ کر آسانی سے جی سکیں یہ سلسلہ ہنوز جاری ہے ان فنکاروں کی فہرست خاصی طویل ہے جنھوں نے اختتام تعلیم سے پہلے اور اس کے بعد اردو یک بابی ڈرامے کی صنف میں طبع آزمائی کی لیکن ان اساتذہ یا طلبا جنھوں نے کامیاب ڈرامے تحریر کیے ان کا ذکر کرنا یہاں ضروری ہے۔

فصیح احمد صدیقی، ابراہیم یوسف، سی ایل کاوش، ساگر سرحدی، ابراہیم رنگلا، نتن سیٹھی، لاجپت رائے، اختر رومانی، صابر، ابراہیم مرچنٹ، شیخ احمد، قادر خان، مشتاق مرچنٹ، شفیع انعامدار، معین خان، ساجد رشید، مجیب خان، منیرہ سورتی، اقبال نیازی، الیاس شوقی، اسلم پرویز وغیرہ۔ان میں خصوصاً فصیح احمد صدیقی اور ابراہیم یوسف، ڈاکٹر محمد حسن نے نہ صرف ڈرامے کا گہرا مطالعہ کیا بلکہ اردو یک بابی تمثیل کی صنف کے لیے گراں قدر علمی و تحقیقی کام بھی سرانجام دیا ہے۔

ان ڈرامانگاروں کے جن طبع زاد یا ترجمہ شدہ ڈراموں کو قبولیت عام حاصل ہوئی ان میں سے چند کے عنوانات حسب ذیل ہیں:

سرخ پردے، نقارہ، کہانی ایک گدھے کی، تم سا کوئی نہیں دیکھا، ہاتھی کے دانت، جوتا، ڈھکی کتاب، شوالہ، پاگل، ہم نہ روئے تھے۔۔، جانوروں کی بستی، جالی دار پردے، گولی مار، رات بھر جاگا کیے، ہم سب جنگلی ہیں، دیا بجھ گیا کل دیکھیں گے، ریہرسل، ابتدائے عشق ہے۔مجھ کو یارو معاف کرنا۔بن آئے نہ بنے۔انٹرویو، ملازمہ کی تلاش، اسپارٹ کس، جلیان والا باغ 83ء، خیال کی دستک۔

تقسیم ملک کے بعد ابتدائی چند سالوں تک برصغیر پاک میں بھی اس صنف میں کامیاب تخلیقی کاوشیں منظرِ عام پر ابھر کر آئیں۔دو تین صوبوں میں آرٹ کونسل کا قیام بھی عمل

میں آیا۔لاہور آرٹ کونسل کی ڈرامے سے متعلق سرگرمیاں ان دنوں نہایت امید افزا ثابت ہوئیں۔ چونکہ وہاں اردو ٹیلی ویژن اپنے ابتدائی مراحل میں تھا لہذا کچھ ذہین جوان فنکاروں کی توجہ موسیقی پینٹنگ اور ڈرامے کی جانب عملی طور سے مبذول ہوئی۔تخلیقی سطح پر ایک عرصے تک یک بابی ڈرامے لکھے اور کھیلے جاتے رہے۔افسوس! آرٹ اور کلچر کی یہ گہما گہمی بعد میں ملک کے ناساز گار حالات کی وجہ سے اردو اسٹیج کی کوئی مستقل خدمت نہیں کر پائی۔ ۱۹۶۰ء کے بعد برصغیر ہندو پاک میں اردو ڈرامے کے طرزِ فکر پر یورپی اور امریکی جدید ڈراما نگاروں کے واضح اثرات کی نشاندہی کی جاسکتی ہے۔خصوصاً کمار پاشی، شمیم حنفی، انور عظیم، ڈاکٹر محمد حسن، شیلا بھاٹیہ، ریوتی شرن شرما، جے۔این۔کوشل، پیوش مشرا، انور سجاد، مرزا ادیب، سرمد صہبائی، اصغر ندیم، زاہدہ زیدی، ساجدہ زیدی۔ جیسے ادیب مغربی دانشوروں کی ڈرامائی تخلیقات کے تتبع سے اردو ڈرامے کے قدیم فرسودہ روایتی اندازِ فکر کو بدلنے میں مشعل راہ ہیں۔ ان کے تخلیق کیے ہوئے چند یک بابی ڈراموں کے نام حسب ذیل ہیں:

اندھیرے کے قیدی (کمار پاشی)، لہو اور قالین (مرزا ادیب)، کٹھ پتلیوں کا شہر (سرمد صہبائی)۔(اور چند دیگر ڈرامے جن کی تفصیل کا حاصل کرنا دشوار گزار تھا)

(اس کے علاوہ حال ہی میں کچھ برس پہلے ہندوستان کے چند ایسے قلم کاروں کے یک بابی ڈرامے شائع ہوئے ہیں جو اردو کے علاوہ بیک وقت اپنے علاقے کی مقامی زبانوں سے بھی واقفیت رکھتے ہیں۔ انھوں نے نہ صرف غیر زبانوں کے یک بابی ڈراموں کو لے کر اردو کے قالب میں ڈھالا ہے بلکہ مغربی ڈراما نگاروں کے جدید فکری نظریات کو شعوری طور سے اپنا کر طبع زاد ڈرامے بھی تحریر کیے ہیں۔ان کی یہ گراں قدر کاوش آج کے موڈرن اسٹیج کے تقاضوں کو بخوبی پورا کرتی ہے۔ان کی یہ دین اردو یک بابی ڈرامے کے مستقبل کے لیے فالِ نیک ہے۔جن میں سے چند نمایاں نام یہ ہیں۔سلام بن

رزاق، ساجد رشید، جبار پٹیل، شکیل شاہجہاں پوری، من موہن دویدی، آفتاب حسنین، انیل ٹھکر، مشرف عالم ذوقی، معز الدین وغیرہ۔

آخر میں اپنی بحث کے اختتام کو ان جملوں پر مرکوز کروں گا۔ یک بابی تمثیل اپنے اسلوب کے جس موقف کو آشکار کرتی ہے وہ یہ ہے کہ اس صنف کے اختصار میں کس طرح ڈرامے کے مرکزی خیال کو پیش کیا جائے، کیسے اس کی نشوونما کی جائے اور کب اسے منتہائے عروج پولے جا کر اثر انگیز کیا جائے۔ ڈرامے کی یہ صنف اپنے مختصر ساز و سامان کے باوجود اپنے دیکھنے والوں کو بے پناہ تاثرات سے متہیج کرتی ہے۔

میرے قیاس میں یک بابی ڈرامے کا ادراک ایک طویل ڈرامے کے شعور کا پہلا زینہ ہے۔

نوٹ: اپنے مندرجہ بالا مضمون میں جن ڈراما نگاروں کا میں نے مختلف حوالوں سے ذکر کیا ہے ان کی فہرست یقیناً نامکمل ہے، چنانچہ اس امر کا شدید امکان ہے کہ دیگر چند تخلیق کاروں کے نام اپنی کم علمی اور ناقص یادداشت کے باعث فہرست میں غیر دانستہ طور پر شامل ہونے سے رہ گئے ہوں۔ جس کے لیے میں معذرت خواہ ہوں۔ مزید برآں اس امر کو بھی ملحوظِ خاطر رکھنا ضروری ہے کہ یہ مضمون 1995 کے دوران شائع ہوا تھا اس کے بعد یقیناً اور کئی یک بابی ڈرامے اردو میں لکھے گئے ہوں گے جن کا اندراج اس مضمون میں ظاہر ہے ناممکن ہے۔

■■

● یہ بات بہت کم حضرات کے علم میں ہے کہ ظ. انصاری صاحب ڈرامے کے بے حد رسیا تھے۔ ان کے دو یک بابی ڈرامے 'غالب' اور 'میرجی' ۶۰ء اور ۶۲ء کے درمیان بمبئی میں صابو صدیق انسٹی ٹیوٹ اور برلا ماتوشری سبھا تھیٹر کے اسٹیج پر کھیلے گئے۔ جو یوپیا، بمبئی کے زیر اہتمام پروڈیوس کیے گئے اور جن کی ہدایت کاری خاکسار کے ذمے سونپی گئی تھی۔ رش

عصمت چغتائی کی کہانیوں کا ڈرامائی روپ

حال ہی میں ایک اشتہار نظر سے گزرا کہ ''عصمت آپا کے نام'' کے عنوان سے تین ڈرامے لنڈن میں اسٹیج کیے جارہے ہیں چنانچہ فوراً ٹکٹ بک کرالیے۔اس والہانہ ردِعمل کے دو اسباب تھے۔پہلا ایک اردو کی عظیم افسانہ نگار عصمت چغتائی کا نام۔ دوسرے ہندستان کے معروف اسٹیج اور فلمی فنکار نصیرالدین شاہ کی شخصیت، جو ڈرامے کے ڈائرکٹر اور ایکٹر کی حیثیت سے وابستہ تھے۔اسٹیج اور اسکرین دونوں ہی ان کی فن کارانہ صلاحیتوں کے مرہونِ منت ہیں۔عصمت چغتائی اردو ادب میں ایک نہایت ہی ممتاز نام ہے۔جس نے اردو افسانے کو جدید فکشن کے منظر نامے میں اعتبار و استناد کی حیثیت عطا کی ہے۔(اس سے قطع نظر کہ چند تنگ نظر نقادوں نے ماضی میں عصمت کی تخلیقی نگارشات پر اخلاقی قدروں کے ابتذال کا لیبل بھی چسپاں کیا ہے) اور نصیرالدین شاہ کی یہ کوشش یقیناً قابلِ تحسین ہے کہ انھوں عصمت کی تین منتخب کہانیوں کو یک بابی ڈراموں کا روپ دیا اور اداکاروں کے ایک چھوٹے سے قافلے کو اپنی سربراہی میں ہندستان سے لاکر لندن میں واٹرمین تھیٹر کے توسط سے بعنوان 'عصمت آپا کے نام' انھیں اسٹیج کیا۔اداکاروں کے اس قافلے میں وہ بذاتِ خود، ان کی اہلیہ اور ان کی صاحب زادی شامل تھیں۔ان ڈراموں کو دیکھ کر اس حقیقت سے انکار نہیں کیا جاسکتا کہ ہندستان میں اردو کے ناسازگار حالات کے باوجود بھی اردو تھیٹر میں اس نوع کا کام امید افزا ہے۔نصیرالدین شاہ نے عصمت چغتائی کی تین کہانیوں کے بیانِ اظہار (narrative) کو ڈرامائی شکل دے

کر تھیٹر کے جس تکنیکی اسلوب میں پیش کیا ہے وہ قحط زدہ اردو اسٹیج کے لیے نہ صرف مفید سامانِ رسد کی حیثیت رکھتا ہے بل کہ کم مایہ اردو ڈرامے کی صنف میں نئے لکھنے والوں کے لیے مشعلِ راہ بھی ہے ہندستان کی چند صوبائی زبانوں کے فنکاروں نے (مثلاً مرہٹی کنڑی اور بنگالی) اکثر و بیشتر اپنی ادبی کہانیوں کو ڈرامائی روپ دے کر ایک راوی (سوتر دھار) کے ذریعے اسٹیج پر یک بابی مونو ڈرامے (monoplay) کی حیثیت سے پیش کیا ہے۔لیکن مغرب کے ترقی یافتہ جدید تھیٹر کی روایت میں ڈرامے کی یہ صنف نئی نہیں ہے۔حال ہی میں سارہ مائلز ایک معروف برٹش اداکارہ نے شمالی لندن کے ایک مقامی اسٹیج پر اپنے سوانحی واقعات کو'یک شخصی تمثیل' کے روپ میں پیش کیا اس کے علاوہ ماضی میں چارلز ڈیکنز کی کہانیوں کو بھی ڈرامائی روپ دے کر راوی کے کردار کے ذریعے انگلینڈ میں اسٹیج کیا جا چکا ہے جس کی ناظرین نے خاصی پذیرائی کی ہے۔یہاں نصیر نے عصمت کی تین مختلف کہانیوں کو تین یک بابی ڈراموں کے طرز پر اسٹیج کر کے اپنی شاندار اداکاری اور ہدایت کاری کے جوہر دکھائے ہیں، جو اردو اسٹیج کے فروغ کے لیے بلا شبہ قابل تعریف اقدام ہے۔عصمت کی ان تین کہانیوں کے عنوان ہیں:۔چھوئی موئی، مغل بچہ اور گھر والی۔۔ان تینوں کہانیوں کے واقعات کا تسلسل اپنے مکان و زمان کے ابعاد پر محیط ہے۔تاہم اسکرپٹ میں نہایت ہی فنکارانہ اظہارِ بیان سے مکان و زمانِ نیز عمل کے پھیلاؤ کو اس طرح گرفت میں لیا ہے کہ ناظرین کے ذہن میں واقعات کے تسلسل کا کوئی الجھاؤ پیدا نہیں ہوتا۔اس ضمن میں نصیر کی مشاق ہدایت کاری کا بلا شبہ بڑا عمل دخل ہے۔

چھوئی موئی کی کہانی ایک بچے سے متعلق ہے جسے ایک دیہاتن چلتی ریل گاڑی کے ڈبے میں جنم دیتی ہے۔بچے کی پیدائش کی گواہی تین عورتوں کی جانب سے پیش ہوتی ہے۔یہ تینوں عورتیں مختلف نامساعد حالات کا شکار رہ چکی ہیں۔بچے کی معصوم چمک دار آنکھیں دیہاتی عورت کے لیے توانائی، تحفظ اور صداقت کے جذبات کی محرک بن جاتی

ہیں ۔دیہاتی عورت دراصل کہانی کا مرکزی کردار، جس کا نام مغل بی ہے ۔اس کا رول حبّہ شاہ نے بڑی حسن وخوبی سے انجام دیا ہے خاص کر ان کا اپنے بازوؤں میں بچے کو لے کر ایک ماں کی محبت اور شفقت بھرے جذبات کی حقیقت آمیز عکاسی کرنا، جبکہ بچہ کا وجود ایک غیر مرئی علامت ہو۔کہانی کے آغاز سے پہلے نصیر الدین شاہ ناظرین سے مخاطب ہو کر اپنی ڈرامائی پیش کش کے تناظر میں عصمت چغتائی کا تعارف کراتے ہیں، ان کی کہانیوں کے ڈرامائی عناصر کے تخلیقی دائرۂ اثر پر روشنی ڈالتے ہیں اور پھر عصمت چغتائی کو عصمت آپا سے موسوم کرتے ہوئے خراجِ عقیدت پیش کرتے ہیں ۔اس پروڈکشن کی دوسری کہانی 'مغل بچہ' تھی ۔ رتنا پھاٹک کی زبانی اس کہانی کو بھرپور ڈرامائیت کے ساتھ پیش گیا ہے (رتنا پھاٹک اسٹیج اور فلم اداکاری کی ایک جانی مانی فنکار ہیں) کہانی کا مرکزی خیال مغلیہ خاندان کی روایات کے نام نہاد وارث اور یوپی کی طرز معاشرت کے علم بردار شرفا کی ذہنی کشاکش کے المیے کی تصویر ہے ۔جو نہ صرف تنزل پذیر سماج کی نمائشی مبتذل قدروں کی عکاس ہے بلکہ اس دور کے پروردہ تہذیبی تحفظات پر ایک عبرت ناک طنز بھی ہے ۔کہانی دراصل سماج کے ان افراد کا سوگ ہے جو ہنوز اپنے ماضی کی شان وشوکت کے خواب بنتے رہتے ہیں ۔رتنا کی بے مثال اداکاری، روشنی کے منتشر پرتو سے ڈرامائی کشمکش کا اظہار، اسٹیج کے مختلف اسباب کی جمالیاتی ترتیب، پس منظر سے اذان کی آواز، بیک گراؤنڈ موسیقی اور موزوں عصری لباس یہ تمام عناصر کہانی کے نفس مضمون کے تاثر اور اس کے افہام وترسیل میں بے حد ممد ومعاون ثابت ہوتے ہے ۔

اس پروگرام کی آخری کہانی ''گھروالی'' ہے، جو ۱۹۴۰ کے سماجی نظام اور رسم و رواج پر ایک گہرا طنز ہے ۔اس کہانی کا دائرۂ عمل مرد اور عورت کی برابری کے حقوق کا مشاہدہ ہے ۔ اس میں نصیر الدین شاہ نے اپنی اداکاری کے فن کا بہترین مظاہرہ کیا ہے ۔وہ بیک وقت مرزا، نوکرانی لاجو بخشی اور لالہ کے کرداروں کی عکاسی اپنے پُر اثر

ڈرامائی لب و لہجے اور حرکات و سکنات سے اس قدر فطری طور پر کرتے ہیں کہ دیکھنے والے ششدر رہ جاتے ہیں ۔ قابل توجہ بات ہے کہ اس کہانی کے بیانِ اظہار میں کئی جگہ انگریزی الفاظ کا استعمال کیا گیا ہے جو قطعاً غیر مانوس محسوس نہیں ہوتے ۔ ممکن ہے انگریزی الفاظ کے اس دانستہ استعمال میں مغربی ماحول کے ابلاغِ عامہ کو ملحوظ رکھا گیا ہو کیوں کہ ناظرین میں نوجوانوں کی خاصی اکثریت تھی ، جو پنجابی ، گجراتی اردو اور انگریزی زبان کے بولنے والوں میں شامل تھے ۔ میرا ذاتی خیال ہے کہ اس طرح سے ملے جلے تماش بین اگر جگجیت سنگھ کی اردو غزل سرائی کو سمجھ سکتے ہیں تو انھیں نصیر الدین ، حبہ شاہ اور رتنا پھاٹک کی زبانی عصمت کی کہانیوں کو سن کر ان کے مفہوم کو سمجھنے میں قطعاً کوئی دشواری پیش نہیں آئی ہوگی ۔ چنانچہ ہم سب نصیر الدین کے سپاس گزار ہیں کہ انھوں نے اردو اور اردو تھیٹر کی خدمت کا یہ دشوار فریضہ بہ حسن وخوبی انجام دیا ۔ تینوں کہانیوں کے اسٹیج ورژن سے قطعی یہ محسوس نہیں ہوا کہ نصیر الدین نے اخذ و اکتساب میں عصمت چغتائی کے اوریجنل متن میں کوئی بے جا تحریف و ترمیم یا رد و قدح کی ہے ۔ البتہ چند مقامات پر عصمت کے لسانی اسلوب میں قدرے تبدیلی ضرور محسوس ہوئی جو میرے نزدیک ڈرامائی تقاضے کے پیشِ نظر جائز ہے مقامی ناظرین کے لیے ترسیل و تفہیم کے اس طریقۂ کار کو کسی حد تک اختیار کرنا ایک ڈائرکٹر کے لیے مناسب اور ضروری ہے ہدایت کار نے ایک ہی کردار سے جس طرح واقعات کے بیان میں مختلف ذہنی اور جسمانی حرکات و سکنات کی ڈرامائی تشکیل و تنظیم کی ہے وہ تکنیکی لحاظ سے نہایت ہی جمالیاتی اور تخلیقی ہے ۔ یہی سبب ہے کہ ایک واحد کردار کا مسلسل تیس چالیس منٹ تک اسٹیج پر کہانی کے واقعات کو بیان کرنا قطعاً جامد اور سپاٹ عمل کا باعث نہیں ہوتا ۔ نصیر نے اپنی فنی بصیرت سے ان تمام تکنیکی اجزا کو کامیابی سے استعمال کیا ہے جن کے ذریعے ڈرامائی ٹیمپو شروع سے آخر تک بدستور قائم اور متحرک رہتا ہے اور تماش بینوں کو کسی طرح کی یکسانیتِ عمل اور

بوریت کا احساس نہیں محسوس ہو پاتا۔ مثال کے طور پر میں اپنے تجزیے کی وضاحت میں ان چند ڈرامائی محرکات (Motivations) کا ذکر کروں گا جن کے ذریعے ہدایت کار نے ڈرامائی واقعات کے عمل کو مسلسل متحرک رکھا ہے:۔ فرضی بچے کو گود میں لے کر تھپتھپانا۔ وضو کے لیے پانی لینا اور پھر وضو کے تمام واجبات کو عملی طور سے انجام دینا، جاے نماز بچھا کر قبلہ رو ہونا، مرزا کا ایک موقعے پر گھڑے سے پانی لینا اور بار بار ایک ہی کونے کی سمت جھک جھک کر دیکھنا گویا وہ نوکرانی کی ننگی ٹانگیں دیکھنے سے حظ اُٹھا رہا ہے۔ اس کے علاوہ روشنی کا حسب ضرورت مختلف جگہ کم اور زیادہ ہو جانا یا دوران عمل اسٹیج کا چند مقامات پر نیم تاریک ہو جانا، اسٹیج پر اسباب کو اس ترتیب سے رکھنا جو کرداروں کی ڈرامائی حرکات عمل کے مناسب جواز کا باعث ہوں۔ غرض کہ اسی نوع کے چند اور محرکاتی عناصر ہیں جن سے رفتارِ عمل کی ڈرامائی تشکیل و تکمیل ہوتی ہے۔ بہت کم اردو ڈراما نگار حضرات ان تکنیکی موشگافیوں سے عملی طور پر واقف ہیں۔ اردو تھیٹر کی توانائی کے فقدان کے جہاں اور کئی اسباب ہیں وہاں ایک سبب یہ بھی ہے کہ اردو ڈرامے کی صنف میں خامہ فرسائی کے جوہر دکھانے والی بیشتر شخصیتیں ایسی ہیں جنھوں نے نہ مستند عالمی ڈراموں کا مطالعہ کیا ہے نہ ہی تھیٹر میں جانے کی عادی ہیں۔ ہمارے ان اردو ادیب افسانہ نگاروں اور شاعروں کا یہ زبردست المیہ ہے کہ وہ اسٹیج، اس کی تکنیکی ضروریات اور اس سے متعلقہ تمام فنی لوازمات کے مطالعے اور مشاہدے کے بغیر محض اس بنیاد پر ڈرامے کی صنف میں طبع آزمائی فرماتے ہیں کہ وہ اردو ادب کے معروف و مستند قلم کار ہیں۔ بدقسمتی سے یہ روایت ایک عرصۂ دراز سے قائم ہے ایسی تمام شخصیتیں شروع ہی سے اردو ڈرامے اور اردو تھیٹر کی بقا و نمو کے لیے گمراہ کن رہی ہیں ان کی طویل فہرست میں عبدالحلیم شرر عبدالماجد دریا آبادی، فانی بدایونی، مولانا ظفر علی خان، نیاز فتح پوری، سیماب اکبر آبادی، ساغر نظامی وغیرہ کے نام نامی نمایاں ہیں۔ لندن جو عالمی ڈراموں کا اہم مرکز ہے اور جہاں ڈرامے کے

مختلف النوع اصناف کے پروڈکشن اسٹیج کیے جاتے ہیں۔تعجب ہوتا ہے ہمارے اردو کے ان ڈرامہ نگاروں کی کم مایگی پر جو عرصے سے ایسے شہر میں آباد ہیں جو تھیٹر کا گڑھ ہے اور پھر بھی بے بہرہ ہیں (لندن کے ایک مقامی اسٹیج پر ہونے والا حالیہ اردو ڈراما 'آپ کی عدالت میں' فن تمثیل سے لاعلمی کی بین مثال ہے) کچھ سال پہلے شبانہ آعظمی اور فاروق شیخ کے ڈرامے 'تمھاری امرتا' کے شوز لندن میں ہوئے (یہ ایک مشہور انگریزی ڈرامے سے اکتساب شدہ تھا) جو اردو ڈراما نگاروں کے فکری اتباع و اکتساب کے لیے یقیناً نہایت کارآمد تھے امسال نصیر الدین شاہ نے 'عصمت آپا کے نام' ڈرامائی پیشکش لندن کے ایک مقامی تھیٹر میں اسٹیج کی جو اردو تھیٹر کے شائقین کے لیے بلاشبہ ایک نہایت ہی اہم تجربہ تھا۔مجھے امید ہے کہ اس نوع کے فکری تجربات سے اردو ڈرامہ اور ڈراما نگار غیر معمولی طور پر مستفید ہوسکتے ہیں۔

■■

امریکی ڈراما نویس ٹینسی ولیم کا فکری تعارف

'شیشے کے کھلونے' (گلاس مینجری) کے تناظر میں

جدید عالمی ڈرامے کی اصناف میں موضوع اور ہیئت کے مختلف فکری میلانات اور اختلافات رائج ہیں جن سے واقف ہونے کے لیے ضروری ہے کہ جدید ساخت کے معماروں کے تخلیقی نظریات کا ادارک کیا جائے اور اس کا منطقی طریقۂ کار یہ ہے کہ ان کی تخلیقات کو سامنے رکھ کر ان کے توضیحی رشحاتِ قلم کی ورق گردانی کی جائے۔ جن کا سلسلہ یٹس (Yeats) زولا (Zola) سِٹر نڈ برگ (Strindberg) اور برنارڈ شا (B.Shaw) سے شروع ہوتا ہے اور ژرآڈو (Giraudux) ایلیٹ (Elliot) پرانڈ لو (Pirandello) آئنیسکو (Ionesco) اور لورکا (Lorca) سے ہوتا ہوا سارت (Sartre) اوکاسی (O'casy) آرتھر ملر (A.Miller) ٹینسی ولیم (T.William) اور آذبورن (Osborne) تک جا پہنچتا ہے۔ ان ڈراما نگاروں نے اپنے نظریاتی دلائل کی جو بھی دستاویزات پیش کی ہیں ان کا مطالعہ ان کے موضوع واسلوب کے سمجھنے کے لیے نہایت ہی اہم ہے۔ اس طرح قاری نہ صرف ان کے فکری میلانِ طبع سے براہ راست آگاہی حاصل کر سکے گا بلکہ شعوری طور سے یہ بھی جان جائے گا کہ انھوں نے اپنی تخلیق میں کس طریقۂ اظہار کو اپنایا ہے۔ یعنی، آیا وہ فطری، حقیقی یا سرئیلی ہے

یا علامتی اور اساطیری وغیرہ کے زمرے میں شمار ہوتا ہے۔ حقیقت تو یہ ہے کہ عصرِ جدید کا اہم ڈراما نگار کسی ایک مقبول مروج نظریاتی فلسفے اور اسلوب خیال سے عملاً محکومانہ وابستگی نہیں رکھتا اس سے قطع نظر خواہ وہ اپنے تنقیدی مقالے میں کسی ایک مخصوص نظریۂ فکر کی تلقین کرتا ہے یا نہیں۔

دراصل ان تمہیدی جملوں سے ٹینسی ولیم (T.William) کا فکری تعارف مقصود تھا۔جس کی اہمیت ایک امریکی دانشور ڈراما نگار کی حیثیت سے مستحکم ہے۔ میں نے اس کے مشہور ڈرامے ''گلاس مینجری'' کو بعنوان ''شیشے کے کھلونے'' اردو کے قالب میں ڈھالنے کی کوشش کی ہے۔ ولیم نے کسی ڈرامے کے پیش لفظ میں اپنی اس کیفیت کا اظہار کیا ہے کہ ''تخلیق کے دوران میرا سارا وجود ڈرامے کی تشکیل میں جذب ہو کر رہ گیا ہے۔ مجھے یہ محسوس ہونے لگا ہے کہ میں ایک نئے عالم امکاں کی تعمیر میں ہوں جب کہ میری اپنی اصلی دنیا معدوم ہونے والی ہے۔'' بعید نہیں کہ اس ڈرامے کی تخلیق میں بھی وہ اپنی اسی کیفیت سے دو چار ہوا ہو۔ یہ ڈراما بھی وقت کی حدوں سے پرے ایک ایسے مقام پر عمل پا سکتا ہے جس کے علاقائی نشان کا کوئی تعین ضروری نہیں۔ بہر حال ولیم کا یہ شاہکار اس کی دیگر تخلیقات سے بڑی حد تک مختلف ہے۔ "Cat on a hot tin roof" ولیم کے ڈرامے کی یہ ایک ہی مثال یہاں موازنے کے لیے کافی ہوگی دونوں کے اظہارِ فکر میں تخلیق کار نے مختلف اسلوب کا استعمال کیا ہے۔ ولیم کے اکثر ڈرامے کرداروں کی نفسیاتی اور جنسی ہیجان کی پیچیدگیوں سے گزر کر ڈرامائی کشمکش کے نقطۂ عروج پر پہنچتے ہیں لیکن 'شیشے کے کھلونے' کے پلاٹ کردار اور واقعاتی تسلسل میں ایسا کوئی الجھاؤ نہیں۔ اس کا نفس مضمون زندگی کی تلخ سچائیوں کا اظہار ہے جو خوابوں کی پناہ گاہ کے اجڑنے کا منظر پیش کرتا ہے۔ ڈرامے کی فضا روشنی اور نیم تاریکی کے امتزاج سے دھندلی اور ماورائی نظر

آتی ہے۔ یہ ڈرامااصل میں ایک علامتی تجربہ ہے۔

جب یہ ڈراما پہلی بار امریکا میں اسٹیج ہواتو ڈرامے کے ایک مشہور و معروف ہدایت کار نے بیک پروجیکشن کا استعمال کیا، جس کے ذریعے روشنی کا ایک علامتی نقش کئی بار اسٹیج پر اجاگر کیا گیا۔ اس پر چند ناقدین کی جانب سے کچھ اعتراضات ہوئے کہ ڈرامے اور اسٹیج کے فنی اختیارات میں سینمائی تکنیک (Cinematic Technique) کا استعمال غیر موزوں ہے۔ ہدایت کار اور مصنف کا ردعمل اختلافی تھا تاہم ڈرامے کی صنف کو ایک نئی جہت سے روشناس ہونے کا موقع ملا لیکن اس حقیقت سے بھی انکار نہیں کہ اسٹیج کے عقبی پردے پر اس طرح علامتی نقش کا بار بار ابھر کر آنا ناظرین کی توجہ میں ضرور مخل ہوا ہوگا۔ یہی وجہ ہے کہ بعد کے پروڈکشن میں اس علامت کے طریقۂ اظہار سے گریز کرلیا گیا۔

علامتی اعتبار سے شیل راہو اور میرا شیشے کے دائروں میں محو گردش ہیں اور پھر ایک دن یوں ہوتا ہے کہ سچائی کا جیتا جاگتا وجود راج کے روپ میں آشکار ہوتا ہے۔ گردش ٹھہر جاتی ہے۔ شیل راہو اور میرا تینوں اپنے وجود کے شیشوں سے حیرت کے عالم میں باہر جھانکتے ہیں لیکن راج نظروں سے اوجھل ہو چکا ہے۔ خوابوں کے شیشے ٹوٹ جاتے ہیں۔ راہو اس شکست و ریخت سے راہِ فرار اختیار کرلیتا ہے۔ شیل اور میرا کے وجودی پیکر شیشے کی کرچیوں سے مجروح ہو جاتے ہیں۔ ڈرامے کے یہ چاروں کردار جسمانی طور سے متحرک ہیں، اس کے علاوہ شیل کے شوہر کا ایک پانچواں کردار بھی ہے جو گھر بار سب کچھ چھوڑ کر کب کا غائب ہو چکا ہے۔ لیکن اس کا سراپا سبھی کے سامنے ایک بے جان تصویر کے فریم میں مقید ہے جو جامد و ساکت ہے پھر بھی اس کی حرکات و سکنات ناظرین ہر لمحہ محسوس کرتے ہیں۔ اس کا یہی غیر متحرک وجود ڈرامے کے واقعات میں ایک عجیب اضطرابی تحریک کا پیش خیمہ ہے۔ میرے ناقص خیال میں یہی علامت موضوع کی نُدرتِ خیال کا

باعث ہے۔

خواب اور حقیقت کے تصادم کے تناظر میں ایک اور بات قابل غور ہے، ولیم کے تخلیقی اظہار پر شعری جمالیات کا دھندلا سا پرتو نظر آتا ہے جو کردار کے باطن سے مکالموں کی سطح پر ابھرتا ہے اور شدتِ حزن وملال کو کیفیتِ نشاط سے ہم آہنگ کرتا ہے۔ (The Night of the Iguana) نائٹ آف دی اِگوانا، ولیم کی شعری جمالیات کی کامیاب مثال ہے۔ 'شیشے کے کھلونے' کی فضا میں بھی شعری قدروں کی دریافت کیا جاسکتا ہے۔

دراصل غیر زبان کی کسی تخلیق کو اردو کے قالب میں ڈھالنا بڑا ہی مشکل کام ہے۔ ڈرامے کے اصناف کا بعینیہ ترجمہ کرنے سے مجھے قطعاً اتفاق نہیں۔ تخلیقی اظہارِ خیال اگر زبان کے تقاضوں کو پورا نہ کر پائے تو وہ اجنبی سا محسوس ہوتا ہے۔ ڈراموں کے لفظی اردو ترجمے ہمارے ادیبوں کے قلم سے اکثر بھونڈے اور غیر مانوس ہو گئے ہیں۔ اردو میں لفظ بہ لفظ ترجمہ شدہ ڈراموں کا ایک اچھا خاصا انبار ہے جو محض کتابوں کے اندر مقید ہو گیا ہے۔ اس نوع کے ترجموں سے نفس مضمون گنجلک ہو کر معدوم ہو جاتا ہے۔ میں نے اپنی دانست میں انھیں ڈراموں کو انگریزی سے اردو میں اخذ کیا ہے جن کے مرکزی خیال کا اطلاق مشرقی ماحول پر اور زبان میں با آسانی ہوسکتا ہے۔ زبان و مکان کی ذرا سی تبدیلی واقعات و کردار کو جانا پہچانا بنا سکتی ہے۔ حک وتصرف صرف اس حد تک روا ہے جس سے کہ ڈرامے کی اصل روح پر آنچ نہ آئے۔ شیشے کے کھلونے اخذ و اکتساب کی رو سے میری اولین تین ایکٹ پر مشتمل تمثیلی پیش کش ہے جس کو میں نے اردو زبان اور ہندوستانی ماحول و کردار میں ڈھالنے کی کوشش کی ہے۔ مجھے کوئی خوش فہمی نہیں کہ میری یہ کوشش اصل کے ساتھ انصاف کرنے میں مکمل طور سے کامیاب ہے۔

ع نہ ہوا پر نہ ہوا میر سا انداز نصیب

''شیشے کے کھلونے'' پہلی بار ممبئی میں تھیٹر گروپ کی جانب سے ۱۹۵۶ میں اسٹیج ہوا۔ یہ وہ وقت تھا جب کہ پرتھوی تھیٹر مالی مشکلات سے دو چار ہو کر اپنے زوال کے آخری مرحلے تک پہنچ چکا تھا۔ پرتھوی راج بھی اپنی عمر کے آخری حصے میں آ لگے تھے۔ ویسے ان کی صحت بھی ایسی نہ تھی کہ وہ اپنے تھیٹر کی بقا کے لیے پہلی جیسی جدو جہد کرسکیں۔ ادھر ہندوستانی فلمیں اپنے بامِ عروج پر تھیں اور عوام کا فلموں سے لگاؤ جنون کی حد تک پہنچ چکا تھا۔ مالی خسارے نے آخر کار پرتھوی تھیٹر کے دروازے ہمیشہ کے لیے بند کر دیے۔ اور ان کے عملے کے تمام کارکنان، اداکاروں سے لے کر ٹیکنیکل اسٹاف تک کے سبھی لوگ منتشر ہو گئے اور تھیٹر سے باہر تلاش معاش میں سرگرداں نظر آنے لگے۔ ان دنوں زہرہ سہگل اور عذرا پرتھوی تھیٹر کی بہت مقبول آرٹسٹ ہوا کرتی تھیں۔ ان کی موجودگی میں کسی نئے آنے والے چھوٹے اداکار کے لیے مرکزی رول ادا کرنے کا موقعہ ملنا بہت ہی دشوار تھا۔ شوکت اعظمی جو بحیثیت جونیر اداکارہ پرتھوی تھیٹر سے منسلک ہوئیں تو ابتدا میں ڈرامے میں کوئی بڑا رول نہیں حاصل کرسکیں۔ انھیں دنوں مجھے شیل ورما کے مرکزی رول کے لیے مناسب اور موزوں کردار کی تلاش تھی۔ شوکت اعظمی سے میری ملاقات ہوئی اور میں نے اس رول کے لیے انھیں نہایت موزوں محسوس کیا۔ شوکت جیسی باشعور اور پرخلوص فنکار کے لیے یہ رول ایک چیلنج سے کم نہیں تھا۔ بہر حال یہ خوش نصیبی تھی کہ وہ ''شیشے کے کھلونے'' میں کام کرنے کے لیے رضامند ہو گئیں۔ آج اس حقیقت کا احساس ہوتا ہے کہ اگر شوکت اس ڈرامے میں شیل ورما کا رول ادا نہیں کر پاتیں تو ڈراما ہرگز کامیابی کا منھ نہیں دیکھتا۔ ''شیشے کے کھلونے'' شیل ورما کے تخلیقی اظہار تخیل کے لیے ہمیشہ شوکت اعظمی کا مرہونِ منت رہے گا۔ اس ڈرامے نے اپنے بعد اردو اسٹیج پر یقیناً ایک نئے باب کا آغاز

کیا۔ راہو کے کردار کے رول میں ابو شیوانی تھے جنھیں کچھ عرصے بعد 'گرم ہوا' فلم کے اندر بلراج ساہنی کے بڑے لڑکے کا رول ادا کرنے کا موقعہ ملا۔ میرا کے رول کے لیے مول نرائن جوتی کا انتخاب کیا گیا جو ان دنوں سینٹ زیویرس کالج میں زیر تعلیم تھی۔ کالج میں جوتی کو وجے آنند گولڈی کے اکثر ڈراموں میں ایکٹنگ کرنے کا موقعہ ملا تھا۔ اس لیے وہ اسٹیج کا خاصا تجربہ رکھتی تھی جوتی کو میرا کے رول میں دیکھ کر بارہا یہ گمان ہوتا تھا یہ رول گویا جوتی کے لیے ہی تخلیق کیا گیا ہو۔ راج کے کردار کی ادائیگی کا بوجھ پرتاپ شرما پر پڑا جو بے چارہ اردو ہندی دونوں سے قدرے نابلد تھا چونکہ وہ بذات خود انگریزی کا رائٹر تھا اس لیے ڈرامے کی نوک پلک سے بخوبی واقف تھا۔ اس نے حتی الامکان اپنے رول کو نبھانے کی محنت سے کوشش کی، اس ڈرامے کے کل چھ شوز ہوئے۔ یہ وہ دور تھا جب کہ اسٹیج پر کسی اردو ڈرامے کا اتنی بار کھیلا جانا بڑی کامیابی سمجھا جاتا تھا۔ اسٹیج اور ڈرامے کے ناقدین اور چند ممتاز شخصیتوں نے ڈراما دیکھ کر اچھی خاصی ہمت افزائی کی، خصوصاً شری پرتھوی راج اور محترمہ عصمت چغتائی کے تاثرات بے حد حوصلہ افزا تھے۔ پرتھوی راج ڈرامے کے ہدایت کار علیق پدمسی سے ذاتی طور سے واقف تھے اور پھر شوکت ان کے ڈراموں میں کا پنی اداکاری کے جوہر دکھا چکی تھیں۔ ان کی آمد اسٹیج کے تمام افراد کے لیے باعث فخر ثابت ہوئی۔ عصمت آپا کا اس ڈرامے کو دیکھنا میرے لیے باعث امتیاز تھا۔ شوکت کیوں کہ ان کو اچھی طرح جانتی تھیں انھوں نے عصمت آپا سے ہم سبھوں کو متعارف کرایا۔ انھوں نے بیک اسٹیج آکر ڈرامے میں اخذ و اکتساب اور لسانی اسلوب اظہار کی بڑے مشفقانہ انداز میں تعریف کی اُس وقت اُن کے کہے ہوئے وہ حوصلہ افزا جملے آج تک میری یاد داشت میں بلا کم و کاست محفوظ ہیں۔

”یہ گمان ہی نہیں ہوتا کہ کسی غیر زبان کے ڈرامے کو تم نے اردو کا جامہ پہنایا ہے ۔ سارے کردار اپنے ہی معاشرے کے رہنے بسنے والے دکھتے ہیں ۔مکالموں کی زبان صاف ستھری اور پُر اثر ہے عام فہم اردو اور ہندی کے لفظوں کا ملاپ بھی کانوں کو برا نہیں لگتا۔ “

”شیشے کے کھلونے“ ممبئی کے جے ہند کالج کے اسٹیج پر پیش کیا گیا تھا جہاں قریب ہی میں عصمت آپا کا رہائشی فلیٹ تھا۔ وہ اکثر شام کو ڈرامے کے دوران تشریف لے آتیں اور بڑے انہماک سے ڈراما دیکھنے کے بعد اسٹیج پر آ کر مبارک باد دیتیں۔

آج ہمارے درمیان نہ پرتھوی راج ہیں، نہ عصمت چغتائی۔ ادب اور تھیٹر بسا اوقات ان کے بغیر بڑے سُونے سُونے سے لگتے ہیں۔

مقدور ہو تو خاک سے پوچھوں کہ اے لئیم
تو نے وہ گنج ہائے گراں مایہ کیا کیے؟

(شیشے کے کھلونے شوکت کیفی، مول نرائن جوتی)

ڈراما نگار 'وجے ٹنڈولکر' کا نظریۂ فکر

('کنیادان' ڈرامے کے تناظر میں)

وجے ٹنڈولکر کی تخلیقی اہمیت نہ صرف ہندوستان کے مرہٹی ادب اور تھیٹر میں تسلیم کی جاتی ہے بلکہ دنیا کی دیگر زبانوں کے بیشتر تمثیل نگاروں نے بھی ان کی ڈرامائی تخلیقات کی اہم اور توانا قدروں کو سراہا ہے۔ طاقت اور اقتدار کے پروردہ مختلف النوع اثرات کے جن نتائج سے ملک کا معاشرہ اخلاقی، سیاسی اور نفسیاتی طور سے دوچار ہوتا ہے۔ وہی تمام مسائل وجے ٹنڈولکر کے ڈرامائی تخلیق کے موضوعِ فکر بنتے ہیں۔ جنھیں وہ صرف دریافت ہی نہیں کرتے بلکہ اپنے تنقیدی جائزے سے ان کے اسباب و عوامل پر بھی بھرپور روشنی ڈالتے ہے۔ ان کی یہی تخلیقی بصیرت دراصل ان کے ڈراموں میں اظہارِ فکر کی اہمیت اور توانائی کا باعث ہے۔ اسی بنیادی خیال کے تحت وہ واقعات کی ڈرامائی تشکیل کرتے ہیں اور کرداروں کے باہمی ربط و اختلاف سے جو جذباتی اور نفسیاتی تصادم عمل میں آتا ہے۔ اسی کی کشمکش اور تذبذب سے کہانی کے ارتقائی مدارج میں ڈرامائی عروج و زوال کا تعین کرتے ہیں۔ یہی وجہ ہے کہ ان کے ڈرامائی واقعات کی بنت میں اکثر باہمی رشتے ناتوں کے درمیان رونما ہونے والے جذباتی اختلاف، سیاسی اور مجرمانہ تنازعاتی فساد کی سی نوعیت اختیار کر لیتے ہیں۔ وجے ٹنڈولکر کو یقین کی حد تک یہ احساس تھا کہ فساد کی کیفیت بذاتِ خود ایک تنہا دائرے کے اندر عمل میں نہیں آتی بلکہ یہ انسانی ذہن، اس کے اطوار و اخلاق اور اس کے وجود کا ایک اٹوٹ حصہ بن جاتی ہے جس کی حقیقت کو تسلیم کرنا لازمی

ہے۔اس پر محض اچھے یا برے کا لیبل ہی چسپاں کرنا کافی نہیں ہے۔فساد کی کیفیت جب شدت اختیار کرلیتی ہے تو وہ ایک توانائی یا طاقت کی شکل میں رونما ہوتی ہے جس سے کئی کارآمد اور تعمیری کام بھی انجام پاسکتے ہیں۔لیکن حقیقتاً یہ منحصر ہوتا ہے اس بات پر کہ اُسے کس طرح برتا جائے اور کس طرح اس کی شدت کو محدود رکھا جائے۔

ٹنڈولکر کے تمام تخلیق کردہ ڈراموں کی تھیم ان کے اسی نظریاتی محور کے گرد گردش کرتی ہے۔فساد و تصادم ان کے نزدیک طاقت اور توانائی کا سرچشمہ ہیں۔اس کے تحقیقی جائزے کے پیشِ نظر موجودہ نظام کے اندر بسا اوقات شدتِ فساد کے التباس میں اقتدار و توانائی کا عمل پروان چڑھتا ہے: کملا، خاموش! عدالت جاری ہے، گِدھ، گھاشی رام کوتوال، سکھارام بائنڈر اور کنیا دان۔ٹنڈولکر کے یہ وہ چند نہایت ہی اہم اور معروف ڈرامے ہیں جن میں مصنف نے اپنے مطمحِ خیال کے استدلال میں موجودہ نظامِ عمل میں رائج طاقت و اقتدار کی مختلف جہات کی نشان دہی کی ہے اور اسی تھیم کی بنیاد پر ڈرامائی واقعات اور کرداروں کی کشمکش کا ہیولیٰ تعمیر کیا ہے۔

'کنیا دان' کا مرکزی خیال بھی مصنف کے اسی فکری نظریے کی توثیق ہے کہ اس نظام میں جاری فساد و جارحیت کا التباس بھی طاقت اور اقتدار کا حصول ہے۔مبتذل معاشرے اور صالح اخلاقی اقدار میں شدتِ فساد کی جو کیفیت نمایاں ہوتی ہے۔وہ ایک مخصوص طبقے کے لیے اقتدار و طاقت کا ذریعہ بن جاتی ہے گو کہ وہ شروع سے ہی معاشرے کے نظام عمل کا ایک حصہ رہی ہے لیکن یہی عمل بیک وقت دوسرے طبقے کے لیے بھی حصولِ طاقت کا آلۂ کار بن جاتا ہے۔دراصل فساد اور طاقت کا اقتدار دونوں صالح معاشرے کی اخلاقی اقدار کو غیر متوازن بنانے کی کوشش میں سرگرداں رہتے ہیں۔میں یہاں فاضل ڈرامہ نگار کے ایک نہایت ہی اہم اور متنازع ڈرامے کنیا دان کا حوالہ دوں گا جسے میں نے اردو میں اکتساب (adapt) کیا ہے وجے ٹنڈولکر نے نہایت ہی بے باکانہ مہارت

اور فن کاری سے کنیا دان کی کہانی اور اس کے متصادم کرداروں (دینا ناتھ جوشی اور ارون آٹھولے) میں اپنے نظریاتی توازن کو برقرار رکھا ہے۔

دینا ناتھ جوشی کا تعلق اونچی ذات کے برہمن قبیلے سے ہے۔ وہ نظریاتی طور پر سماج میں رائج کسی ذات پات کی تفریق اور چھوت چھات کے رسم و رواج کا قطعی قائل نہیں ہے بلکہ اس کے خلاف احتجاج اور نچلی ذات کے حقوق کی حمایت کو اپنا نصب العین تصور کرتا ہے۔ اس کے دیگر افراد کنبہ میں شامل اس کی بیوی سیوا ناتھ جوشی اور دو بچے جوتی اور پرکاش ہیں جو سب ہی اس کے ہم خیال ہیں۔ گھر کی جوان لڑکی جوتی خصوصی طور سے مکمل یقین کے ساتھ اپنے باپ کے اصولوں کی پرستش کرتی ہے۔ جوتی کے نزدیک دینا ناتھ کا نظریاتی فلسفہ اور اس کے اصول و اخلاق ایک روشن آدرش کا درجہ رکھتے ہیں۔ جوشی فیملی مہاراشٹر کے شہر پونا میں آباد ہے۔ دینا ناتھ ودھان سبھا کا ممبر ہے اور سیوا ہمیشہ دلت اور دیگر نچلی ذات کی فلاح و بہبود کے کاموں میں مشغول رہتی ہے۔ پرکاش زیرِ تعلیم ہے۔ جوتی مختلف سماجی رفاہِ عام کی تنظیموں سے وابستہ ہے۔ سیوا اور دینا ناتھ عموماً پُونے شہر سے باہر سرکاری اور فلاحی کاموں کے سلسلے میں سفر کرتے رہتے ہیں۔ جوتی ایک دن اپنے ماں باپ کی موجودگی میں انکشاف کرتی ہے کہ اس نے ارون نامی ایک نوجوان سے شادی کرنے کا ارادہ کرلیا ہے جس کا تعلق دلت فرقے کی نچلی ذات سے ہے۔ باپ کسی تفصیل کے جانے بغیر جوتی کے اس فیصلے کا بڑے تپاک سے خیر مقدم کرتا ہے لیکن ماں جوتی کے اس خود مختار فیصلے سے حیرت میں پڑ جاتی ہے۔ وہ شادی سے پہلے ارون کے بارے میں سب کچھ جاننا ضروری سمجھتی ہے۔ دوسرے دن جوتی ارون کو اپنے گھر کے تمام افراد سے ملاتی ہے۔ ارون دراصل اونچی ذات کی جانب سے ہونے والے ظلم و استحصال اور ناانصافیوں کی جیتی جاگتی تصویر ہے۔ اس کی بول چال، اس کی سوچ، اس کے رکھ رکھاؤ میں اونچی ذات کے خلاف شدید نفرت اور غم و غصہ ہے۔ اس کے

بیباک، ناشائستہ اور غیر مہذبانہ اخلاق سے سب ہی خائف اور پریشان ہو جاتے ہیں۔ تاہم ناتھ سماج کے نامنصفانہ غیر مساوی متعصب نظام کو ان سب باتوں کا ذمے دار ٹھہرا کر ارون کی غیر مہذب حرکات وسکنات کا جواز تلاش کر لیتا ہے اور افرادِ کنبہ کو شادی کی حمایت پر مجبور کرتا ہے۔ اس کے بعد انجام میں جو ذہنی اور نفسیاتی تصادم کرداروں کے مابین عمل میں آتا ہے وہ طاقت کے اقتدار کے لیے شدتِ فساد کی کیفیت اختیار کر لیتا ہے، یعنی اعتقادات کے اسیر دونوں فرقوں پر معاشرے اور اخلاقیات کے تناظر میں وجے تینڈولکر کے اس نظریۂ فکر کا اطلاق:

Voilence when turned into something else can certainly be difined as vitality کارفرما نظر آتا ہے۔ ارون سے شادی کے بعد تلخ تجربات نے جوتی اور ناتھ پر بمشکل تمام اس حقیقت کو آشکار کر دیا ہے کہ وہ مرحلے جو معاشرے میں مختلف فرقوں کے درمیان حائل خلیج کو پُر کرنے میں درپیش آتے ہیں انھیں عبور کرنے کی کوشش میں اکثر اس قدر دیگر دشوار گزار مسائل کا سامنا کرنا پڑتا ہے کہ جن کا حل کرنا آخر میں انسان کے امکان سے باہر ہو جاتا ہے۔ اور ٹنڈولکر اسی حقیقت پر کہانی کے المیے کو مرکوز کر کے اپنے ڈرامے 'کنیادان' کا اختتام کرتا ہے۔

پیا بہن، کویتا اور ڈاکٹر ویاس

■■

وجے ٹنڈولکر سے ایک ملاقات

(اور ماخوذ ''کنیادان'' ڈرامے کی نمایش کی افسوس ناک روداد)

وجے ٹنڈولکر سے میری ملاقات اس زمانے میں ہوئی جب کہ میں کالج کے ابتدائی سال میں زیرِ تعلیم تھا۔ اس وقت مجھے قطعی یہ احساس نہیں تھا کہ مرہٹی تھیٹر کے جس دانشور تخلیق کار سے میں مل رہا ہوں اس کے تمثیلی شاہ کار مستقبل میں میرے فکری اتالیق ثابت ہوں گے۔ جس شخص کے توسط سے میری ان سے ملاقات ہوئی اس کا نام نولکر تھا۔ وہ دراصل ان کے عزیزوں میں سے تھا۔ دورانِ گفتگو وہ انھیں دادا کہہ کر پکارتا۔ چنانچہ میں بھی بعد میں دادا کہہ کر ان سے مخاطب ہونے لگا۔ دادا کی رہایش اس وقت اندھیری کے علاقے میں تھی۔ گھر کے لان میں بیٹھ کر کافی دیر تک مختلف ڈراموں کے موضوع پر وہ باتیں کرتے رہے اور میں ہمہ تن گوش ان کے تجرِ علمی سے اپنی استطاعت کے مطابق استفادہ کرتا رہا۔ پہلی بار مجھے اس کا اندازہ ہوا کہ مرہٹی تھیٹر تخلیقی فکر کے لحاظ سے کس قدر ثروت مند ہے۔ دادا سے وہ میری پہلی اور آخری بالمشافہ ملاقات تھی لیکن ان سے ملنے کے بعد مرہٹی اسٹیج کا شعور میرے ذہن میں نشوونما پانے لگا۔ خاص طور سے میں یہ چاہتا تھا کہ دادا کی کسی مرہٹی تخلیق کو اردو/ہندی میں ڈھال کر اسٹیج کروں مگر کسی مرہٹی اسکرپٹ کے ہاتھ لگنے کا موقع ہی نہیں ملا۔ حالاں کہ اس درمیان دادا کے کچھ ڈراموں کے انگریزی تراجم کتابی شکل میں منظرِ عام پر آچکے تھے۔ لیکن مجھے اوریجنل مرہٹی اسکرپٹ کی

تلاش تھی تا کہ مرہٹی زبان سے واقف کسی شخص کے ساتھ مل کر میں اس پر ترجمے کا کام کرسکوں۔خوش قسمتی سے یہ مسئلہ بھی حل ہوگیا۔یہ ۱۹۶۰ یا ۶۵ کی بات ہے،میں ان ہی دنوں ہندوستان میں موجود تھا۔اتفاق سے وہاں ایک مدت کے بعد اپنی ایک دیرینہ واقف کار مینا جوشی سے ملنے کا اتفاق ہوا۔مینا سے کالج کے زمانے سے ہی میری شناسائی تھی، جو مرہٹی، گجراتی اور ہندی اسٹیج کی کلا کار رہ چکی تھی۔اس کی مادری زبان مرہٹی تھی اور گرہ لکشمی مرہٹی جریدے سے مدیر کی حیثیت سے منسلک تھی۔ملاقات کے دوران وجے ٹنڈولکر کا ذکر چھڑا تو اس نے کنیادان کی مرکزی تھیم بیان کی۔جس سے میں بے حد متاثر ہوا۔بعد میں تھیٹر میں جا کر مینا کے ساتھ کنیادان کا پروڈکشن بھی دیکھنے کا موقع ملا۔اس کے ساتھ ہونے سے ڈرامے کو سمجھنے میں بڑی آسان ہوگئی۔ڈراما دیکھنے کے بعد میں نے ترجمے کا خیال معاً دل سے نکال دیا۔دینا ناتھ کے طنز و مزاح سے بھرپور مکالموں میں کئی ایسے موضوعِ گفتگو میں نے محسوس کیے جن کے علاقائی سیاق وسباق سے اردو ہندی زبان بولنے والوں کا کوئی رابطہ ممکن نہیں ہوسکتا تھا۔بہرحال میں نے مینا کی مدد سے مرہٹی کا اوریجنل حرف بہ حرف ترجمہ تو حاصل کرلیا۔تاہم بعد میں ترجمے کے خیال کو بالائے طاق رکھ کر میں نے جب اخذ واکتساب کی طرف توجہ کی تو اسکرپٹ میں کچھ تبدیلیاں ناگزیر محسوس کیں۔یہی وجہ تھی کہ میں نے لفظی ترجمے کے بجائے ڈرامے کو اردو میں adapt کرنا مناسب خیال کیا۔میرے لیے یہ بڑا دشوار گزار مرحلہ تھا کہ دادا جیسے عظیم تمثیل نگار کی تخلیق میں کچھ ترمیم و اضافے کی جسارت کرسکوں۔چوں کہ مجھے ڈراما لندن میں اسٹیج کرنا تھا،اس لیے میں نے اسکرپٹ کے ان تمام مکالموں میں حک وتصرف کی گنجائش کو اس حد تک ضروری سمجھا جن سے ناظرین کا ذہنی رابطہ باآسانی قائم ہوسکے۔میں نے اخلاقی طور سے دادا سے ٹیلیفون پر رابطہ کیا اور ڈرتے ڈرتے نہایت ہی مودبانہ طور سے اپنا موقف بیان کیا۔میری خوشی کی انتہا نہیں رہی جب لمحہ بھر کے توقف کے بعد انھوں نے نہایت ہی محبت اور فراخ دلی

سے میری حوصلہ افزائی کی اور مجھے بخوشی اجازت دے دی۔ چنانچہ اس کے بعد ریہرسل کا آغاز ہوگیا اور شوز کی تاریخ کا اعلان بھی کر دیا گیا۔ لیکن بدقسمتی سے افتتاح سے ایک روز قبل ڈرامے کے مرکزی کردار گیتا نمنانی کو، جو سیوا جوشی کا رول ادا کر رہی تھی، اچانک عارضۂ قلب کا دورہ پڑا اور نتیجے میں جس کی وجہ سے سارے شوز کینسل کرنے پڑے۔ اس کے تقریباً پانچ چھ سال بعد نئے کرداروں کے ساتھ پھر کنیادان کی ریہرسل شروع ہوگئی۔ لیکن بدقسمتی سے شوز کی تاریخ طے کرنے کے دوران اچانک پھر ڈرامے کی نمائش کو ایک افسوس ناک حادثے سے دو چار ہونا پڑا۔ بابیؔ نامی ایک لڑکا جو ارون کا اہم رول ادا کر رہا تھا، اس کی ماں کی اچانک موت کی خبر آئی اور وہ ریہرسل چھوڑ چھاڑ کر لندن سے اپنے وطن کے لیے روانہ ہوگیا۔ دوسرے کسی مناسب کردار کا فوری انتخاب اس رول کے لیے ناممکن تھا۔ علاوہ اس کے ڈرامے کے دیگر اداکار بھی اب اس ڈرامے میں حصہ لینے سے قدرے خوف زدہ سے نظر آنے لگے۔ چنانچہ کنیادان سے ہمیشہ کے لیے ہاتھ اٹھانے میں عافیت سمجھی، لیکن مجھے سخت ملال تھا۔ کنیادان کو اسٹیج کرنا میرے لیے ایک چیلنج کی حیثیت رکھتا تھا۔ میں بنیادی طور سے قطعاً توہم پرست نہیں ہوں لیکن نہ جانے اس ڈرامے کی جانب سے کبھی کبھار عجیب وہم و شگون کی سی کیفیت سوچ میں پیدا ہو جاتی ہے۔ اس سانحے کے دو سال بعد پھر مجھے اپنی تشنہ آرزو کی تکمیل لاحق ہوئی اور بالآخر کچھ نئے اور کچھ ڈرامے سے وابستہ پرانے کرداروں کو ساتھ لے کر کنیادان کی ریہرسل شروع کر دی۔ لندن کے ایک مقامی تھیٹر واٹرمینز نے ڈرامے کے چار شوز بک کر لیے۔ انجام کار وہی سانحہ ہوا جو ہمیشہ اس ڈرامے کی نمائش میں پیش آتا رہا ہے۔ شوز کے افتتاح سے ایک ہفتہ قبل جب کہ تقریباً سارے ٹکٹ بک چکے تھے، اور ڈرامے کی آخری گرانڈ ریہرسل جاری تھی کہ عین ریہرسل کے درمیان پیا بہن جو سیوا جوشی کا کردار ادا کر رہی تھیں بے ہوش ہو کر اسٹیج پر گر گئیں۔ دوسرے دن اسپتال سے معلوم ہوا کہ ساری کاسٹ کی ہر دل عزیز پیا

بہن جگر کے کینسر کے آخری مرحلے میں داخل ہو چکی ہیں، جس سے بچ نکلنے کی اب ہر کوشش بے سود ہے اور پھر کچھ ہی دنوں بعد وہ ہم سبھوں سے بچھڑ کر اس دنیا سے ہمیشہ کے لیے رخصت ہو گئیں۔ ڈرامے کی نمایش کو تو بہر حال کینسل ہونا تھا سو وہ ہو گئی لیکن واٹر مینز کو خاصا نقصان کا سامنا کرنا پڑا۔ یہ تھی کنیادان کی حسرتِ نمائش اور اس کی غمناک روداد۔ کاسٹ کے تمام ممبر اس المیے سے دل برداشتہ تھے تاہم انھوں نے ہمت کر کے بہر طور ایک نئی سیوا جوشی کے کردار کو ساتھ لے کر مرحوم کنیادان کی نمایش کی بجائے صرف اسٹیج ریڈنگ شوز میں حصہ لیا۔ اور یوں پیا بہن کی یاد میں اپنا دلی خراجِ عقیدت پیش کرنا مناسب سمجھا۔

میرے لیے یہ انتہائی رنج کا مقام ہے کہ ان غیر متوقع حادثات کے پیشِ نظر شاید اب کنیادان کو میں کبھی اسٹیج نہ کر سکوں۔ اس کے بعد مجھے اس ڈرامے کے اکتساب کو کتابی شکل دینے کا خیال دامن گیر ہوا۔ یہ کتاب نہ صرف پیا بہن کی یاد میں ایک شر دھان جلی ہے بلکہ مرہٹی تھیٹر کی ایک عظیم شخصیت سورگ باشی ٹنڈولکر کی خدمت میں نذرِ عقیدت بھی ہے۔

آخر میں اختصار کے ساتھ ترجمے اور اخذ و اکتساب کے سے متعلق اپنے مطمحِ نظر کی وضاحت کرنا چاہوں گا۔ میں بنیادی طور پر کسی ادبی تحریر کے لفظی ترجمے کا قطعاً قائل نہیں ہوں۔ خصوصاً تمثیلی تخلیق کا، جس کو کسی غیر زبان سے دوسری زبان میں لفظ بہ لفظ ترجمہ کر کے پیش کیا جائے۔ اس طرح کے ترجموں سے نفسِ مضمون اور اس کے اسلوب و اظہار مضحکہ خیز حد تک اجنبی سے محسوس ہوتے ہیں اور پھر سننے دیکھنے والے بھی کوئی ذہنی اور جذباتی رابطہ قائم نہیں کر پاتے۔ اردو میں بدقسمتی سے اس نوع کے تمثیلی تراجم کا خاصا ڈھیر ہے۔ جو میرے خیال میں اسٹیج کے لیے قطعی غیر موزوں ہے۔ کنیادان کو جب میں نے مرہٹی سے اردو میں منتقل کرنے کا ارادہ کیا تو مجھے معاً ڈرامے کے علاقائی پس منظر سے وابستہ لسانی

اسلوب اور معاشرتی واقعات کا اردو میں موزوں اور مناسب اخذ و اکتساب قدرے دشوار گزار محسوس ہوا۔ یہی وجہ ہے کہ مجھے حسبِ ضرورت ان مکالمات اور واقعاتی نوعیت کو تبدیل کرنا پڑا جو لندن کے اردو/ہندی کے ناظرین کے لیے اجنبیت کا موجب ہوتے۔ اوریجنل مرہٹی اسکرپٹ میں ڈرامے کی ابتدائی منظر میں دینا ناتھ مقامی بس ٹرانسپورٹ سروس کی انکوائری آفس سے جو پوچھ گچھ کررہے ہیں اور اپنے افرادِ کنبہ کے سامنے جن موضوعات پر تبصرہ کرتے دکھائی دیتے ہیں ان تمام باتوں سے ایک مقامی شخص تو بخوبی واقف ہوسکتا ہے لیکن اور جگہ کے رہنے والوں کے لیے وہ بلکل اجنبی سے محسوس ہوتے ہیں۔ چنانچہ مجھے اس منظر کو ایک نئے تناظر سے پیش کرنا پڑا۔ جس کو حتی الامکان میں نے ڈرامے کی مرکزی تھیم پر مرکوز رکھنے کی کوشش کی ہے۔ علاوہ اس کے مجھے کچھ مکالموں کی طوالت کو بھی کم کرنا پڑا۔ معلوم نہیں میں اپنی اس تحریف و ترمیم میں حق بجانب ہوں یا نہیں۔ لیکن adaptation میں حک و تصرف کی اس حد تک گنجائش میرے نزدیک مناسب ہے جس سے اصل مضمون کی روح مجروح نہ ہو۔ کرداروں کے لسانی اظہار میں زبان اور اس کے جس اسلوب کو میں نے ملحوظ رکھا ہے اس میں کسی حد تک ڈرامائی رعایت کا سہارا لیا ہے۔ دینا ناتھ اور اس کے افرادِ کنبہ کا تعلق گو کہ مہاراشٹر سے ہے تاہم ان کے لسانی اظہار میں آسان اردو/ہندی الفاظ کو شامل کیا ہے۔ ظاہر ہے ڈرامے کا اکتساب اردو زبان میں ہے اس لیے میں سمجھتا ہوں ڈرامائی رعایت کی اس قدر گنجائش بجا طور پر لازمی ہے۔

علاوہ اس کے میں نے دینا ناتھ دیولالی کر کو دینا ناتھ جوشی سے بدل دیا اور اوریجنل اسکرپٹ کے ہیمبر راؤ کے کردار کو میں نے مناسب سمجھا کہ میں حذف کردوں۔ اس معمولی تبدیلی سے میری رائے میں ڈرامے کی کہانی کی بنیادی ترتیب میں کوئی فرق نہیں پڑتا۔ بہر حال میں نے کس حد تک اصل ڈرامے کے نفسِ مضمون کے ساتھ انصاف کیا ہے اس کا

تجزیہ پڑھنے والوں کی آرا پر منحصر ہے۔ البتہ میں نے دیانت داری سے کوشش ضرور کی ہے۔ میری یہ کوشش دادا کی خدمت میں ایک نذرِ عقیدت ہے جو اسٹیج اور ادب کے فقید المثال تخلیق کار تھے۔

■■

آرتھر ملر: ایک اہم امریکی ڈراما نگار

پس منظر اور تخلیقی محاسبہ

بیسویں صدی کی دو عظیم جنگوں کی رزم گاہ مغرب کی سرزمین تھی تاہم یہ ناگزیر تھا کہ دیگر اقوامِ عالم کا نظامِ حیات جنگ کے ردِ عمل سے متاثر نہ ہوتا۔ جنگ کے آغاز و اختتام کا میدان چونکہ یورپ کا علاقہ تھا لہٰذا یورپی ممالک کو اولاً نتائجِ حرب سے دوچار ہونا پڑا۔ یوں تو جنگ اجتماعی حیثیت سے ہر تعمیری استحکام کی شکست و ریخت کا موجب ہوتی ہے لیکن سیاسی و اقتصادی سطح پر سب سے پہلے تخریبی بحران کے آثار ابھر کر سامنے آتے ہیں، جو رفتہ رفتہ نوعِ انسانی کے ہر شعبۂ فکر و عمل کو اپنی گرفت میں لے لیتے ہیں۔ امریکا بھی چونکہ جنگ کے اسباب و علل سے عملی طور پر منسلک تھا، یہی سبب ہے کہ امریکی فکر و تمدن کا بھی کوئی گوشہ جنگ کے اثرات سے محفوظ نہیں رہ سکا۔ تہذیبی اور ثقافتی قدروں میں زبردست انقلابی تبدیلیاں رونما ہوئیں، جن کے اثر و اقتدار سے تمام قدیم روایات اور عام نظریات و رجحانات پر کاری ضرب لگی۔ انجامِ کار ہر شعبۂ علم و ہنر میں جدید اسلوب و موضوعات در آئے۔ میرا موضوعِ بحث یہاں دراصل اُس عہد کے ایک نہایت ہی اہم امریکی ڈراما نگار 'آرتھر ملر' اور اس کے جزوی فکری پس منظر سے متعلق ہے، چنانچہ مناسب ہے کہ میں اُنھیں عوامل پر روشنی ڈالوں جو امریکی تھیٹر اور ڈرامے کی اصناف پر اثر انداز ہوئے۔ اس عہدِ پُر آشوب میں نو آباد امریکا کے شعری ادب، افسانہ اور خصوصاً ڈرامے کی صوری و

معنوی ہیئت میں ایک نئی طرزِ فکر کا طوفان برپا ہوگیا (یوں تو نئی سمت کے امریکی تھیٹر کا نقطہ آغاز دراصل مشہور امریکی ڈراما نگار 'یوجین اونیل' کی تخلیقی دین کا مرہونِ منت ہے) اس کے باوجود پہلی جنگِ عظیم کمرشل تھیٹر کے یک طرفہ پروگرام کے لیے منظم طور سے غیر سودمند ثابت نہیں ہوئی۔ اس ضمن میں ایک امریکی تصنیف 'دی اینڈ آف امریکن انوسنس' (The end of American innocence) کے حوالے سے یہ بات واضح ہو جاتی ہے کہ جنگ کے دوران اُن تمام جمالیاتی عناصر کا استحصال شروع ہوگیا تھا جو پرانی نسل کے لکھنے والوں کا قابل قدر ورثہ تھا۔ بہر حال مجموعی طور پر ۱۹۰۰ء کے اطراف کا زمانہ امریکی فن و ادب کی تعمیری اقدار کے لیے ایک دورِ خشک سالی کے مرادف تھا۔ تاجرانہ ہوس نے ہر اثبات یقین کو ناپائیدار بنا دیا تھا۔ کمیونزم کے نفسیاتی آسیب سے خوف زدہ اربابِ اقتدار نے آزادانہ فکر و خیال پر غداریِ ملک کی فردِ جرم عائد کر دی تھی، لہٰذا چند دانشور ادیب و شعرا اور ڈراما نگار حضرات نے تخلیقی قید و بند سے حسبِ موقع فرار کے مختلف طریقے اختیار کیے، 'مک گون' (Mac Gowan) 'لوسن' (Lawson) المرائیس (E.Rice) جیسے ادیبوں نے وقتی خاموشی اختیار کرلی یا 'آڈیٹس' (Odets) جیسے ممتاز ڈراما نگاروں کی طرح ہالی ووڈ کو اپنا لیا علاوہ اس کے علاوہ کچھ اہلِ فکر و دانش ایسے بھی تھے جو یورپ منتقل ہو گئے، ان میں سے ایڈتھ وارٹن (E.Wharton) 'عذرا پاؤنڈ' (Ezra Pound) 'ٹی ایس ایلیٹ' (T.S.Elliot) 'گرٹرود اسٹائن' (Gertrude Stein) کے نام قابل ذکر ہیں۔ دریں اثنا تھیٹر اور ڈرامے کے وہ اہم گروپ بھی یکے بعد دیگرے بند ہو کر ختم ہو گئے جو غیر تاجرانہ تمثیلی سرگرمیوں کے روحِ رواں رہ چکے تھے۔

یہی وہ دور تھا جب کہ تخلیقی فن کارانہ بصیرت امریکی منظر نامے سے رخصت ہو رہی تھی۔ فن و داب کی جن تحریکوں کے اثرات ۱۹۰۰ء میں امریکی فکر و اظہار پر مرتب ہو چکے تھے وہ

یک قلم زائل نہیں ہوئے، وہ فکری تحریکیں جو ایک غیر تاجرانہ تھیٹر کی بقا کے لیے ممد و معاون تھیں، یک لخت معطل نہیں ہوئیں یعنی کچھ امریکی صاحبِ فکر و نظر ایسے بھی تھے جو حتمی طور سے اپنا تخلیقی رابطہ متقدمین سے منقطع نہیں کر سکے اور نہ کرنا چاہتے تھے اُنھوں نے نہ صرف وقت کے تغیر پذیر شعور اور جدید ذہنی انقلاب کا مطالعہ کیا بلکہ اکتساب و اتباع سے کام لے کر امریکی ادبی اصناف میں نئے تخلیقی تجربات کی اساس رکھی۔

حالانکہ ۱۹۱۷ء کے دوران، جنگ میں امریکی شمولیت سے پہلے ہی یورپ کی جدید تحریکوں کی شناخت امریکا میں قائم ہونا شروع ہوگئی تھی لیکن جنگ کے بعد واضح طور پر قدیم و جدید کی حدِ فاصل میں شگاف رونما ہونے لگے اور ردّ و قبول کی آمد و رفت کا سلسلہ باقاعدہ شروع ہوگیا اُنھیں دنوں دو اہم ڈراما نگار شخصیتیں 'ٹینسی ولیم' اور 'آرتھر ملر' کے نام سے امریکی تھیٹر کے حلقوں میں متعارف ہوئیں جنھوں نے امریکی تمثیل نگاری کو ایک نئے وژن سے روشناس کیا۔ ولیم کی شناخت ایک مفکر ڈراما نگار کی حیثیت سے اُس کے نہایت ہی مقبول ڈرامے 'گلاس مینجری' (The Glass Menagerie) کی تخلیق کے فوراً بعد ہی تھیٹر کی دنیا میں معتبر ہوگئی تھی لیکن آرتھر ملر کی عظمت اُس کی تصنیف 'آل مائی سنز (All I My sons) کے منظر عام پر آنے کے بعد مستحکم ہوئی۔ ناظرین اور تنقید نگاروں نے مل کر بڑے تپاک سے براڈوے اسٹیج پر آرتھر ملر اور آل مائی سنز کی پذیرائی کی۔ امریکا کے براڈوے اسٹیج پر کسی ڈرامے کی نمائش ڈراما نگار کے لیے نہ صرف قدر و منزلت کا باعث ہوتی ہے بلکہ اُسے اچھی خاصی جلبِ منفعت سے بھی نوازتی ہے۔ چنانچہ آل مائی سنز کی کامیابی بھی مصنف کے لیے نہایت خوش آئند ثابت ہوئی، جس نے اس کی نامساعد مالی حالت کو ایک خوش گوار صورتِ حال میں بدل دیا۔

ولیم اور ملر دونوں ہی کم و بیش ہم عصر ڈراما نویس تھے۔ ان دونوں کی آمد نے امریکی ڈرامے کو ایک نئی جہت سے آگاہ کیا۔ لیکن ملر نے اپنے سماجی عہد کے میلانات، تضادات

اور مسائل کا تجزیہ تمثیلی روپ میں جس بے باکی اور چابکدستی سے امریکی اسٹیج پر کیا ہے کہ شاید ہی اس سے قبل کوئی اور ڈرامائی پیشکش اس درجہ کامیاب ہوئی ہو۔ اس دور کے سماج کا تھکا ہارا وہ فردِ واحد جو اپنے گردوپیش سے سمٹ کر اپنی شکستہ ذات کے اندر مقید ہو گیا تھا، اس کی ذہنی کشمکش کی ڈرامائی عکاسی ملر کی قوتِ تخلیق کا کمال ہے اور یہی اس زمانے کی اعلا سنجیدہ تھیٹر کی پہچان بھی ٹھہری ہے۔ بیسویں صدی کے اوائل ہی کا یہ وہ دور تھا جس میں امریکا کے ارتقائی تھیٹر کو نہایت دشوار مالی اور سیاسی مراحل کا سامنا کرنا پڑا جس کی شناخت اور استحکام کے لیے گو کہ چند نیم سرکاری اور نجی عوامی تنظیمیں ایک عرصے سے کام کر رہی تھیں۔ مثال کے طور پر لیبر، فیڈرل اور کچھ دیگر مختلف علاقائی ڈرامے سے متعلق اداروں کا اگر جائزہ لیا جائے تو واضح ہوگا کہ ایک سنجیدہ تجرباتی تھیٹر کو عوام میں کامیاب بنانے کے لیے ان تنظیموں نے کس قدر جاں فشانی اور تن دہی سے کام کیا ہے یہ تمام تنظیمیں براڈوے نیویارک کی کمرشل ترغیبات اور بدعتوں سے منحرف و نالاں تھیں۔ اس پس منظر کے تناظر میں آرتھر ملر کے ابتدائی ڈراموں سے اندازہ ہوتا ہے کہ اس کا ذہن شروع سے ہی عام فرسودہ تمثیل نگاری کی طرف مائل نہیں تھا۔ وہ اُنھیں تحریکوں سے وابستہ رہا جو مخالف سمت کے غیر تعصب پسند سنجیدہ تھیٹر کے لیے کوشاں تھیں اور اظہارِ فکر پر کسی قسم کی پابندی کی قائل نہیں تھیں۔ شروع میں ان تنظیموں کی کاوشیں تجرباتی حد تک محدود رہیں۔ لیکن جنگ کے بعد اس نوع کی تحریکیں ایک مخالف سمت کے ارتقائی تھیٹر کی اہمیت کا واضح نشان بن گئیں۔ آف براڈوے (Off Broadway) اور 'آف آف براڈوے تھیٹر' (Off Off Broadway) کا وجود انھیں تنظیموں کا سلسلہ تھا۔

ملر کی فکری کائنات فی الواقع امریکی سرزمین تھی، جو اُس کی سوچ کا غالب حصہ تھی۔ اس کی پروازِ فکر بیشتر اس کے اپنے زمان و مکان کی فضا ہی سے ہم آہنگ رہی۔ اگر کبھی اُس کی تحریر میں بیرونی محرکات کی بازگشت محسوس ہوتی ہے تو وہ یورپ کے فکری

نشاۃ الثانیہ کا شعوری یا غیر شعوری اثر و نفوذ ہے ۔اُس نے ابسن کی فطری اظہاریت اور جرمن فنکاروں کی جذباتیت کا براہِ راست اکتساب بھی کیا ہیے ۔جس کی مثال ابسن کے مشہور ڈرامے ُاینی می آف دی پیپل‘(Enemy of the people) سے پیش کی جاسکتی ہے ۔اس ڈرامے کے مرکزی خیال کو ملر نے علامتی اعتبار سے اپنا مکانی پس منظر سامنے رکھ کر اپنے عہد کے سیاسی اور سماجی ماحول پر منطبق کیا ہے ۔بعید نہیں کہ وہ چند امریکی ہنر مند صاحبِ قلم جو یورپ ترکِ وطن کر گئے تھے اُن کے فکری تجربات کا ملر نے اپنی ژرف نگاہی سے تخلیقی ادارک کیا ہو یہی وجہ ہے کہ اُس کے دو ڈرامے ُآفٹر دی فال‘ (After the Fall) اور ُانسی ڈینٹ ایٹ وشی‘(Incident at vichy) اپنے نفسِ مضمون میں یورپ کی تہذیبی اقدار سے متاثر ہیں ۔ بیرون ممالک کے سفر اور بالخصوص فرانس اور اٹلی میں چند روزہ قیام نے نہ صرف اُس کے فکری تجربات میں گراں قدر اضافہ کیا بل کہ اُس کی تخلیقی صلاحیتوں کو نئے تکنیکی اسالیب اور اظہارِ خیال کی نئی جہات سے آشنا کیا۔ بہر نوع اس میں سرِ مو اختلاف نہیں کہ اُس نے اپنے عہد کے گمبھیر اور پُر تشکیک سماج کے پروردہ اسٹیج پر اخلاقی اقتدار کی بازیافت کی اور اس طرح قدیم و جدید صالح اقدار کے درمیان ایک مسلسل ربط قائم کرنے کے امکان کو روشن کیا۔ ملر کے ڈرامے اس بات کا ثبوت ہیں کہ اس کا اظہارِ فکر فرد کی ذات اور ذات کے احساس کا وہ شعور ہے جو اُسے سائنس کے روایت شکن انکشافات ،شہری بود و باش کے جبر و اختیارات اور موروثی اعتقادات کی کشاکش سے دو چار کرتا ہے ۔ملر کے افرادِ تمثیل اکثر اسی سماجی کشمکش سے متصادم ہو کر اپنے ڈرامائی عروج و اختتام تک پہنچتے ہیں ۔

آرتھر ملر نے ۱۹۱۵ء میں ایک کاروباری یہودی گھرانے میں آنکھ کھولی ۔ملر خاندان کے اکابر آسٹریا سے ہجرت کر کے امریکا میں آباد ہو گئے تھے ۔لیکن پہلی جنگِ عظیم کے شروع ہوتے ہی امریکا کی اقتصادی حالت ُوال اسٹریٹ‘ کے خاتمے سے کساد بازاری کا

شکار ہوگئی۔ جس کی وجہ سے ملر کے آبائی کاروبار کو شدید نقصان پہنچا اور آرتھر کی ابتدائی عمر بڑی عسرت اور تنگ دستی میں بسر ہوئی۔ یہاں تک کہ وہ اپنی ابتدائی تعلیم میں بھی کامیاب نہ ہوسکا۔ گزراوقات کی خاطر اسے ہر طرح کی ملازمت کو اختیار کرنا پڑا۔ بہرصورت بعد میں کچھ پیسے پس انداز کر کے ۱۹۳۹ء میں اس نے کالج کی پڑھائی مکمل کرلی۔ اُس کی طبیعت شروع ہی سے فنِ تمثیل کی طرف راغب تھی۔ چنانچہ تعلیم ہی کے دوران اُس نے تمثیل نگاری کا ایک کورس پورا کیا اور بعد میں فیڈرل تھیٹر پروجیکٹ نامی تنظیم سے بھی وابستہ ہوگیا۔

'دی مین ہو ہیڈ آل دی لک' (The man who had all the luck) اس کی تمثیل نگاری کی ابتدائی کاوش تھی جو براڈوے اسٹیج پر پیش ہوئی لیکن کچھ ہی دنوں کی نمایش کے بعد اُسے ناکامی کا منہ دیکھنا پڑا۔ یوں تو اس کے اعزاز یافتہ ڈراموں کی فہرست خاصی طویل ہے لیکن ان میں سے یہ چند اہم ڈرامے عالمی تھیٹر کی تاریخ میں اپنا ایک مخصوص مقام رکھتے ہیں۔ آل مائی سنز (All my sons)، ڈیتھ آف اے سیلز مین (Death of a salesman)، دی کروسیبل (The crucible)، اے ویوفروم دی برج (A view from the bridge)، دی امیریکن کلوک (The American clock)۔ اس کے علاوہ ملر کے دوسرے تقریباً سبھی ڈراموں کو اربابِ نقد ونظر نے سراہا ہے۔ روس، چین، اسرائیل، ہندوستان اور کچھ دوسرے ملکوں میں بھی اس کے مختلف ڈرامے کھیلے گئے، جنھوں نے تھیٹر کے باشعور حلقوں سے دادِ تحسین حاصل کی۔ یہی سبب ہے کہ اس کی شخصیت بحیثیت ڈراما نویس یقیناً بین اقوامی عظمت وشہرت کی مستحق ہے۔ ملر جیسے اہم ڈراما نگار کی بالعموم ہر تخلیق اس کے اپنے عہد کا نہ صرف ایک مکمل تشخص ہے بلکہ اپنی سرزمین کا جیتا جاگتا احساسِ شعور بھی ہے۔

ایک امریکی تبصرہ نگار نے ملر کے اس تصادِ عمل پر حیرت کا اظہار کیا ہے کہ اُس کی

شخصیت کا ایک پہلو اگر حکمت و دانش سے روشن ہے تو دوسرا پہلو ہالی ووڈ کے نمائشی استعارے مارلن مونرو کے وجود سے سرشار ہے۔ ملر نے اس قسم کے منفی تضاد کی ہم آہنگی سے امریکی خوابوں کو حقیقت سے ہم کنار کرنے کی سعی کی لیکن یہ بھی طرفہ حقیقت ہے کہ جیسے ہی خواب اجڑ کر منتشر ہوئے اُسے عالمی شہریت کا جواز بھی مل گیا اور پھر کئی ملکوں کے دانش کدوں نے اس کا پُرتپاک خیر مقدم کیا۔ اس میں بھی کوئی شبہ نہیں کہ اس نے انتہائی خلوص و محبت سے آزادیِ فکر و رائے اور انسانی اقدار کے دفاع و ابلاغ کے لیے حتی الامکان خدمات انجام دیں ما حصل یہ کہ اس کی تحریر کا نظامِ فکر اپنے جس موقف کی تلقین کرتا ہے وہ ہے فرد کی ذات اور ذات پر عائد اس کی اپنی ذمے داریاں، جن کی تکمیل نہ صرف ایک عالم گیر فریضہ ہے بلکہ اس فریضے کی ادائیگی عصری تاریخ کا ایک حصہ ہے اور تقاضہ بھی۔ ملر نے اپنی سرگزشت حیات ’ٹائم بنڈز‘ (Timebends) میں ایک جگہ اپنے وجود کا اس طرح چند الفاظ میں احاطہ کیا ہے۔ وہ لکھتا ہے ”میری تمام زندگی جمود، عمل، تخلیق اور بے لاگ مشاہدے کے درمیان ایک مسلسل جدو جہد کی حیثیت سے گزری ہے۔“ میں سمجھتا ہوں یہی جدو جہد آگہی ذات کا وہ شعور ہے جو اس کے ڈراموں کی واقعاتی تشکیل اور کرداروں کی ڈرامائی کشمکش میں نمایاں طور پر کارفرما ہے۔ ملر اور اُس کی فکر پر محیط تجربات و مشاہدات کا اگر مکمل جائزہ لیا جائے تو اِس اندازے میں قطعی مبالغہ نہیں کہ اُس نے وقت کے جبر و اختیار کے پیش نظر بیسویں صدی سے جو کچھ بھی حاصل کیا وہ اُس کی عمر سے کہیں بیشتر تھا، ورنہ دنیا کی آنکھیں یقیناً امریکی اخلاقیات کے کچھ اور بھی تماشے دیکھ پاتیں۔

یہ تھا آرتھر ملر کے عہد کا مختصر فکری پس منظر جس کے سماجی محرکات ملر کے تمثیلی موضوعات، واقعات اور کرداروں کی ڈرامائی تنظیم کا دائرہ عمل ہیں۔ ’آل مائی سنز‘ کی تخلیق انھیں محرکات کا پرتو ہے، جس کا نفس مضمون اخلاقی ابتذال کا غماز ہے جو ملر کے سماجی عہد میں بدرجہ اتم نمایاں تھا۔ اُس وقت زندگی کے تمام صحت مند انسانی رشتے تاجرانہ بوالہوسی

کا شکار ہو چکے تھے۔ ملر نے اپنے اس ڈرامے کے مرکزی خیال کا تاثر ایک نجی واقعے پر مرکوز کیا ہے۔ وہ بیان کرتا ہے کہ ایک دفعہ کا ذکر ہے کہ اس کے افرادِ کنبہ اپنی کسی قریبی واقف کار نیک بخت خاتون کے ساتھ محوِ گفتگو تھے۔ اسی دوران خاتون نے یوں ہی تذکرۃً اپنے پڑوس کی ایک فیملی کے بارے میں بتایا کہ کس طرح اس فیملی کی ایک لڑکی نے اپنے سگے باپ کی تاجرانہ ہوس اور غدارئ وطن کے خلاف شکایت درج کی۔ بعد میں معلوم ہوا کہ لڑکی کا باپ کاروباری شخص تھا۔ اُس نے جنگ میں سرکار کو سامانِ حرب کی ناقص مشینیں سپلائی کی تھیں، چنانچہ انجام یہ ہوا کہ لڑکی کے انکشافِ جرم پر باپ کو سزائے قید کاٹنی پڑی اس طرح 'آل مائی سنز' کی شانِ نزول عمل میں آئی۔

ملر نے اس واقعے کے بنیادی خیال پر اپنے ڈرامے کا ہیولیٰ تعمیر کیا۔ اُس کے پیشِ نظر تمام حقیقی واقعات اور شواہد موجود تھے جن کی اساس پر اُس نے اپنے تخلیقی ادراکِ تخیل سے ڈرامائی واقعات، عمل اور کردار کی نہایت ہنرمندی سے تشکیل و تجسیم کی۔ اُس نے افرادِ تمثیل میں لڑکی کو حسبِ ضرورت بدل کر لڑکے کے کردار کو شامل کر لیا۔ دراصل جغرافیائی اور معاشرتی تہذیب کے تقاضے کو ملحوظ رکھ کر مجھے بھی 'گھر کے چراغ' (جس کو میں نے اس نام سے اردو میں adapt کیا ہے) میں اصل ڈرامے کے کردار اور بنیادی واقعے کی نوعیت کو کچھ حد تک بدلنا پڑا۔ امریکی ڈرامے میں خاندان کے سربراہ کا کردار ہوائی جہاز کے کل پرزوں کا سپلائر ہے، جب کہ میں نے ہندوستانی (مشرقی) ماحول کی مناسبت سے 'آل مائی سنز' کے اردو ورژن 'گھر کے چراغ' میں خاندان کے امریکی سربراہ کے کردار کو ہندوستانی کھنہ کا نام دے کر ایک مل مالک کی حیثیت سے پیش کیا ہے، جو جنگ کے دوران اپنی مل سے پیراشوٹ کا کپڑا تیار کرا کے فوجی محکمے کو بھیجتا ہے اور جب اُس کا تیار کردہ ناقص مال ہوائی فوج کی تباہی کا باعث ہوتا ہے تو اُس کو ملک دشمنی کے سنگین جرم کا خمیازہ بھگتنا پڑتا ہے۔

آل مائی سنز کی تکمیل میں ملر کو تقریباً دو سال کا عرصہ لگا۔اس سے قبل اُس نے جو کچھ بھی لکھا بد قسمتی سے اُس کی کوئی خاص پذیرائی نہیں ہو سکی۔لیکن جب ۱۹۴۷ء میں اس ڈرامے کا افتتاح براڈوے اسٹیج پر ہوا تو اُس کے مسلسل تین سو اٹھائیس شوز ہوئے،جس کی کامیابی پر نیویارک تنقید نگاروں کی انجمن کی جانب سے ملر کو نیویارک کریٹکل سرکل (New York critical circle) کی جانب سے اعزاز دیا گیا۔ڈرامے کی کامیابی نے پہلی بار اس کو زندگی میں رائلٹی (Royalty) کے تصور سے عملی طور پر مستفید کیا۔ملر نے کسی جگہ اپنے اس ایک عجیب واقعے کا ذکر کیا ہے جس سے وہ ایک روز اپنے ڈرامے کی نمایش کے دوران دوچار ہوا تھا۔واقعے کی حقیقت،اُس کے الفاظ میں،ایک خواب کی سی تھی۔وہ بیان کرتا ہے کہ کچھ عرصہ پہلے میں تھیٹر ہال میں بیٹھا اور لوگوں کی طرح اپنا ڈراما دیکھنے میں محو تھا کہ اچانک مجھ پر یوں سکتے کا عالم طاری ہوا جیسے کہ موت کا غلبہ حاوی ہو گیا ہو۔اب جو میں نے بمشکل تمام اسٹیج پر نگاہ دوڑائی تو وہ تمام افرادِ کنبہ اور احباب جن سے میں واقف تھا وہ سب کے سب مجھے اسٹیج پر موجود نظر آئے۔میں فرطِ حیرت سے چونک پڑا کہ یہ میں نے کیا کیا؟ اُن سبھوں کو جیتے جی میں نے مار دیا اور اُن کی روح کو اسٹیج پر موجودہ کرداروں کے قالب میں منتقل کر دیا۔ان سب ہی کے چہرے میرے جانے پہچانے تھے۔میں اُس لمحے ایک عجیب جذبۂ مسرت سے سرشار تھا گویا میں نے قانونِ قدرت میں اپنے عمل دخل سے خالق حقیقی کی ہمسری حاصل کر لی تھی۔

ملر کے سب ہی تمثیلی کردار اس کے سماجی عہد کے وہی جانے پہچانے لوگ ہیں،جن سے اس نے کہانی کے ڈرامائی تار و پود فطری صداقتوں پر تعمیر کیے ہیں۔بہر حال 'آل مائی سنز' کی کامیابی کے بعد اس نے محسوس کیا کہ ابسن اور یونان کی حقیقت نگاری اور فطری طرزِ تمثیل کا دائرہ اثر اُس کی فکر کے لیے محدود ہے۔نیز مختلف النوع موضوعات اور متضاد تحریک خیال کے اظہار کے لیے کسی مخصوص طرز و اسلوب سے محکومانہ وابستگی بھی غیر تخلیقی

ہے۔ چنانچہ اس طرح ’آل مائی سنز‘ کی کامیابی نے ملر کے ذہن پر فکر و اسلوب کے اظہار کا ایک نیا افق روشن کیا۔

اس میں شک نہیں کہ غیر زبان سے علوم و فنون کی اصناف کے ترجمے اور اکتسابات اُردو کے لسانی اور علمی فروغ کے سلسلے میں اضافے کا باعث ہیں۔ کسی بھی زبان کی شعری ونثری اصنافِ ادب کی نشوونما میں غیر زبانوں کے ترقی یافتہ علوم و فنون کی تحصیل اخذ و تراجم کے ذریعے خاصی معاون ثابت ہوتی ہے۔ اُردو افسانہ، ناول تمثیل نگاری اور کچھ دیگر اصناف کے ابتدائی نقش و نگار بھی تراجم و اتباع کے رہین منت رہے ہیں۔ میرے نزدیک حک و تصرف اُسی حد تک روا ہے جو کسی تخلیق کے اصل نفس مضمون کی تفہیم و ترسیل میں حائل نہ ہو، ورنہ تخلیق کار کا بنیادی نظریۂ فکر پراگندہ ہو کر گنجلک ہو جاتا ہے۔ یہی وجہ ہے کہ میں نے انھیں ڈراموں کو غیر زبان سے اُردو میں اخذ کیا ہے جن کے نفس مضمون کا اطلاق معمولی تحریف و ترمیم کے ساتھ ہمارے تہذیبی ماحول پر بآسانی منطبق ہو سکتا ہے۔ جس کی جانب میں نے اپنے ماخوذ ڈرامے ’شیشے کے کھلونے (adapted from Glass Menagerie in Urdu) کی تمہیدی مقالے میں وضاحت سے یہ نشان دہی کی ہے کہ اردو زبان میں غیر زبانوں سے ترجمہ شدہ ڈراموں کا ایک اچھا خاصا انبار ہے، جن کا اسٹیج کرنا تو درکنار بلکہ پڑھنا بھی بدقسمتی سے محنت شاقہ سے کم نہیں۔ ایسے ڈراموں کا وجود میرے خیال میں تھیٹر کے شائقین کے لیے بڑی حد تک گمراہ کن ہے۔ بہرکیف یہاں یہ موقع محل نہیں کہ میں گمراہ کرنے والوں کے اسمائے گرامی کا اظہار کروں۔

افسوس بے شمار سخن ہائے گفتنی
خوفِ فسادِ خلق سے ناگفتہ رہ گئے

لفظ بہ لفظ ترجمہ شدہ ڈراموں سے مجھے سخت اختلاف ہے۔ ایسے ترجمے بے حد اجنبی اور غیر مانوس سے محسوس ہوتے ہیں، جو بعد میں کتابوں کے صفحات میں مقید ہو کر رفتہ رفتہ

بے معنی اور غیر افادی ہو جاتے ہیں۔ ڈراموں کے لفظی تراجم کا معتد بہ حصہ اُردو کے اکثر معروف ادیب وشعرا کے فکر وقلم کا کرشمہ رہا ہے۔ فی الحقیقت اس نوع کے ترجموں کا سلسلہ اردو ڈرامے کے اپنے آغاز ہی سے جاری ہے۔ ہمارے چند فاضل شعرا اور افسانہ نگاروں نے طبع زاد ڈرامے بھی تحریر کیے ہیں، لیکن افسوس ہے کہ وہ اسٹیج کی تمام بنیادی ضروریات سے کورے ہیں۔ تحریر و ترجمے کے لیے صنفِ تمثیل کے کلیدی اصول وضوابط اور اسٹیج کے جزوی لوازمات سے کم سے کم مشاہدے کی حد تک واقف ہونا میرے نزدیک بہت ضروری ہے۔ وہ ڈرامے جو محض پڑھنے کی غرض وغایت سے شائع ہوتے ہیں، وہ کسی تمثیلی افادیت کے قابل نہیں ہیں، بلکہ اُردو تھیٹر کی بقا و فروغ کے لیے غیر سود مند ہیں۔ چونکہ ڈرامے کی صنف دراصل اپنے وجود کی شناخت کے لیے اسٹیج اور اسٹیج کے لوازمات کی محتاج ہے لہٰذا ڈراما اور اسٹیج دونوں ہی اپنی ساخت و پرداخت میں لازم و ملزوم کی سی حیثیت رکھتے ہیں اس لیے ترتیلی تمثیل نگاری کو ڈرامے کی اصناف میں شمار کرنا ڈرامے کے موقف کی نفی ہے۔ میں اس موقعے پر محترم پروفیسر فصیح احمد صدیقی صاحب کی رائے سے استفادہ کروں گا جنھوں نے اردو ڈرامے پر نہایت اہم کام کیا ہے۔ انھوں نے اپنی ضخیم و بلیغ تحقیقی تصنیف 'یک بابی اردو ڈراما' میں ترتیلی تمثیل نگاری کی بدعت کی منطقی طور سے مذمت کی ہے اور ترتیلی ڈرامے کے وجود کو عدم وجود قرار دیا ہے۔ بلاشبہ اُن کی رائے حتمی حیثیت سے صائب اور معتبر ہے۔ میں نے بھی 'آل مائی سنز' کو 'گھر کے چراغ' کے عنوان سے اُردو میں ڈھالنے کی کوشش کی ہے۔ لیکن اپنے لسانی اور ڈرامائی اسلوب و اظہار میں مجھے کس قدر کامیابی نصیب ہوئی ہے اس بارے میں مجھے کوئی خوش فہمی نہیں ہے۔ تاہم حسب استطاعت میں نے اصل ڈرامے کے تحیر و اضطراب کی کیفیت کو برقرار رکھنے کے لیے حتی الامکان محنت کی ہے۔

'گھر کے چراغ' (All my sons) کا پس منظر ہندوستان میں ۴۷ء کے کسی

بڑے صنعتی شہر کے ایک متمول پنجابی گھرانے سے متعلق ہے۔ تین ابواب پر مشتمل اس ڈرامے کی کہانی کے اسلوب میں میلو ڈرامائی رنگ نمایاں ہے، جو انسانی احساسات کی ترجمانی کرتا ہے۔لیکن احساسات محض سطحی جذبات کے پروردہ نہیں ہیں بلکہ سماجی جبر واختیار کی کشاکش کا فطری ردّعمل ہیں اور اسی ردِّعمل سے ہر فرد کو اپنی شکست وریخت سے دوچار ہونا پڑتا ہے۔ دراصل یہی سماجی حقیقت نگاری، فطری جذبۂ اظہار کے پیرائے میں، کہانی کی سطح کو ڈرامائیت کی ارتقاعی اقدار سے ہم آہنگ کرتی ہے۔ ڈرامے کا بنیادی خیال ایک مرفع الحال کاروباری شخص (رام دیال کھنّہ) کے اُس گزشتہ افسوس ناک سانحے پر مرکوز ہے جو اپنے بڑے بیٹے کی موت کا ذمے دار ہے اور یہی المیۂ مرگ بتدریج ڈرامائی کشمکش کی ارتقائی منازل طے کرتا ہے، جس سے ڈرامائیت سے بھرپور اپنی مکمل شناخت قائم کرتا ہے۔فیملی کے سربراہ (کھنہ) کے قریبی افراد، جو اس کی بیوی شانتی اور چھوٹے بیٹے رنجیت پر مشتمل ہیں، ایک عرصے سے ماضی کے اس المیے کے سبب ذہنی عذاب میں مبتلا ہیں۔ ہر چند وہ اس صداقت سے دانستہ فرار کے جتن کرتے ہیں، لیکن اُس کی گرفت اور مضبوط ہو جاتی ہے۔کھنہ کے خانوادے کے دو اور اعزا بھی (کھنہ کے گرفتار شدہ بھائی کی لڑکی آشا اور آشا کا بھائی راج) اس المیے کے روح فرسا نتائج سے دوچار ہیں۔ یہی نتائج ڈرامائی کشمکش کا باعث ہیں جو آغاز ہی سے تحیر واضطراب کی فضا کو ہموار کرتے ہیں۔ یہی وجہ ہے کہ ناظرین کا انہماک شروع سے آخیر تک بدستور قائم رہتا ہے۔کھنّہ نے ہوائی فوج کو پیراشوٹ کا ناقص کپڑا سپلائی کر کے ایک نہایت ہی انسانیت سوز جرم کا ارتکاب کرتا ہے جو اُس کے بیٹے پرکاش کی موت کا سبب بنتا ہے۔کھنّہ کا یہ جرم سماج میں عام طور پر ہونے والے اخلاقی اقدار کے استحصال کی نشان دہی کرتا ہے۔افرادِ کنبہ کے لیے ممکن ہے کہ کھنّہ کی ہوسِ زر پرکاش کی موت کا باعث ہو لیکن کھنّہ کے نزدیک یہ اپنے بچوں کی محبت اور خاندان کے تحفظ کے اعلا جذبے کے مترادف ہے، جو اُس

کے دیگر افرادِ کنبہ کے نظریہ ارتکابِ جرم سے مختلف ہے۔ شانتی اور رنجیت تلخ سچائیوں سے دانستہ منہ موڑ کر کھنہ کی توجیہ رائے سے متفق ہونے کی الجھن میں مبتلا رہتے ہیں لیکن جوں ہی افراد کنبہ کے لیے فرار ناممکن ہو جاتا ہے، ڈرامائی واقعات کا عروج تمام حقائق منکشف کر دیتا ہے اور اسی انکشاف کے ذریعے ڈراما اپنے المیے کے اختتام کی تکمیل تک پہنچ جاتا ہے۔

'گھر کے چراغ' (All my sons) کا ماخذ اپنے عصری تعین کی گرفت سے بے نیاز ہے۔ اُس کے موضوع (Theme) کی بنیاد وقت کے غیر متعین فاصلے سے پیوستہ ہے۔ یہی سبب ہے کہ ہر ملک کے سنجیدہ تعمیری تھیٹر میں اس کی اہمیت آج تک بدستور قائم ہے۔

آرتھر ملر اور دیگر مستند عالمی تخلیق کاروں کی نگارشاتِ فکر سے موضوع اور خیال کے تناظر میں میرے جس نظریہ فکر کی نشو و نما ہوئی ہے اُس کی توضیح، میں یہاں اپنے مضمون کے اختتام پر پیش کرنا مناسب سمجھتا ہوں جو ممکن ہے تمثیل نگاری کے باب میں کارآمد ثابت ہو۔ مجھے تخلیقی موضوع و خیال کی فی نفسہ اہمیت سے ہرگز انکار نہیں بلکہ تمثیلی تخلیق کے لیے خیال کا تعین ناگزیر اور لازمی ہے۔ تاہم میرے نزدیک صرف تحریک خیال ہی سے تمثیل کے بنیادی اجزائے تعمیر معرضِ تشکیل میں نہیں آتے۔ جہاں تک خیال کا تعلق ہے اس کا دائرہ اثر محض ایک قوتِ ارتباط ہے جس کے ذریعے افرادِ تمثیل یعنی کردار، ڈرامے کے بنیادی اجزا کی تجسیم کرتے ہیں یا یوں کہیے کہ کردار نگاری ہی وہ اہم جزو ہے جس کے ربطِ باہمی سے تمثیلی ہیولیٰ، ڈرامائیت سے بھرپور اپنا مکمل وجود قائم کرتا ہے یعنی صرف تجریدِ خیال ہی اپنے اظہار میں، ڈرامے کا بنیادی جزو نہیں ہے، بلکہ اس دنیا کے جیتے جاگتے انسانوں کے مسائل سے وابستہ تمثیل کے تخلیقی کردار ہی وہ بنیادی اجزا ہیں، جو ڈرامے کے تار و پود کی تشکیل و تکمیل کرتے ہیں۔ آل مائی سنز (گھر کے چراغ) کی زیر

نظر مثال میرے اس نظریے کی مکمل تائید ہے۔

آخر میں اس حقیقت کا اظہار میں یہاں قطعاً نامناسب نہیں سمجھتا کہ اردو کے بیشتر ڈرامے محض اکہرے خیال اور بھاری بھرکم مکالمات کے طومار سے بھرے پڑے ہیں۔ یہاں تک کہ کردارنگاری کے بنیادی اصولوں کو بھی نظرانداز کردیا گیا ہے اور کرداروں کے نام عموماً غیر مستعمل اور ادق الفاظ کے مرکبات سے منتخب کیے گئے ہیں۔ مزید برآں کبھی علامتی اظہار کے جنون میں قدیم تاریخ کے فرسودہ روایاتی قصوں سے افراد کے نامانوس ناموں کو لے کر عہدِ حاضر کے کرداروں پر چسپاں کیا گیا ہے۔ غرض کہ صوتی لحاظ سے اسٹیج پر ایسے ثقیل الفاظ کا استعمال سماعت پر سخت گراں گزرتا ہے جس سے بے چارے اداکار کے لیے نہ صرف اس قماش کے مکالمات کی ادائیگی بلائے جاں بن جاتی ہے بلکہ اداکاری بھی اپنے کردار کی عکاسی سے محروم ہوجاتی ہے۔ اور پھر ڈراما اپنے شائقین سے رابطہ قائم کرنے میں ناکام رہتا ہے۔ ویسے ہی آج اردو اور اردو تھیٹر پر اس قدر عالم تنہائی ہے کہ اس قسم کی تمثیلاتی کاوش کو شاذونادر ہی اسٹیج پر اپنی نمائش کا موقع نصیب ہوتا ہے اور اگر ہوتا ہے تو مشکل سے صرف ایک دوشوز کے لیے، وہ بھی چند احباب کی فراخ دلی سے یا کسی اعلیٰ سفارش کے ذریعے۔ ظاہر ہے اس طرح کچھ ذاتی مراسم سے دو ایک اردو جریدوں میں ڈراما اور ڈراما لکھنے والے کا عارضی طور پر ذکر تو ہوجاتا ہے لیکن اردو تھیٹر کی کوئی مستقل خدمت نہیں ہوپاتی۔

■■

آرتھر ملر

تھیٹر سے وابستہ کچھ باتیں کچھ یادیں

(امریکی ڈرامے سے ماخوذ 'گھر کے چراغ' کے حوالے سے)

۴۷ء کے بعد ہندوستان کی تہذیبی اور ثقافتی اقدار میں زبردست تبدیلیاں رونما ہوئیں۔ رقص، موسیقی، ڈراما غرض کہ آرٹ اور کلچر کے ہر شعبے میں نت نئے تجربات کا سلسلہ تیز رفتاری سے جاری ہوگیا۔ قومی اور صوبائی زبانوں میں نئے اسلوب و خیال کی بنیاد پر اصنافِ تمثیل میں نئے نئے تجربات کیے جانے لگے۔ تھیٹر کے نئے اداروں کا قیام عمل میں آیا۔ پارسی اُردو کمرشل تھیٹر کمپنیاں جو ایک عرصے تک عوام کی تفریحِ طبع کا ذریعہ بنی ہوئی تھیں رفتہ رفتہ اپنا رختِ سفر باندھ گئیں۔ تحریکِ آزادی، سامراجی استبداد اور انقلاب جیسے موضوعات پر جو جذبات انگیز ڈرامے تحریر کیے گئے تھے وہ حصولِ آزادی کے بعد سب قصہ پارینہ ہو گئے۔

تقسیم ملک کے المیے پر جو ڈرامے منظرِ عام پر نمودار ہوئے تھے ان کی مقبولیت بھی بتدریج کم ہوگئی۔ اس درمیان اسٹیج کے سیاسی اور سماجی منظرنامے میں ترقی پسند اشتراکیت کے مضامین شامل ہو گئے تھے۔ اپٹا، انڈین پیپلز تھیٹر بڑی مستعدی سے اپنے ڈراموں کے ذریعے اشتراکی نظریات کی پشت پناہی میں مصروف تھا۔ پرتھوی تھیٹر بدقسمتی سے اپنی بقا کی آخری سانسیں گن رہا تھا۔ دہلی میں؛ یاترک، اردو تھیٹر، نیا تھیٹر، لٹل تھیٹر گروپ، کٹک میں؛ یونائیٹڈ آرٹ اسوسی ایشن اور الحاق کمپنی، حیدرآباد میں؛ سٹی کالج، گاندھی بھون، وائی ایم سی اے اور روندر بھارتی، کلکتہ میں: لکشمی تھیٹریکل کمپنی، علی گڑھ میں؛ اردو تھیٹر ممبئی

میں ؛ تھیٹر گروپ اپٹا اور ٹوٹل تھیٹر[1] جیسی ڈرامے سے متعلق کئی تنظیمیں نہایت لگن اور جاں فشانی سے اردو ہندی (ہندوستانی) زبان کے اسٹیج پر اسلوب و موضوع کے نئے فکری تجربات میں کوشاں تھیں۔ جنوبی ہند، مہاراشٹر اور بنگال کی صوبائی زبانوں کے ڈرامے کا احیا دراصل ۱۹۴۷ء سے قبل ہی معرضِ وجود میں آچکا تھا۔ جس نے بنگالی، مرہٹی، کنڑی کے ڈراما نگاروں کی تخلیقات، ان کے فکری موضوعات اور ان کی پیش کش کے تکنیکی اظہار کو متاثر کیا اور ایک توانا باشعور جدید تھیٹر کی داغ بیل ڈالی، جس کی شناخت آج تک اہم اور مستحکم ہے۔ اردو تھیٹر بھی اُس سے کسی حد تک مستفیض تو ضرور ہوا لیکن شعور و فکر، محنت اور جذبہ ایثار کو اپنے لائحہ عمل میں شامل نہیں کرسکا۔ اردو تھیٹر کی یہی کم مائیگی اُس کی اپنی بقا کی تگ و دو میں آج تک حائل ہے۔ انھیں دنوں حکومت کی اعانت سے دہلی میں نیشنل اسکول آف ڈراما کا قیام عمل میں آیا جہاں چند نہایت ہی معروف تجربہ کار اہلِ فکر و فن کو سربراہ کی حیثیت سے مقرر کیا گیا (محترمی القاضی کا نامِ نامی سرِ فہرست ہے)، جنھوں نے ہندوستانی آرٹ اور کلچر کے حوالے سے ڈرامے کی مختلف اصناف میں نہایت ہی گراں قدر کام کیے۔ اُنھوں نے اپنے ڈراما ورک شاپ کے پروگرام کے تحت ہندوستانی میں (یعنی ہندی اور اردو کا ایک امتزاجی روپ بنا کر)[2] عالمی ڈراموں کے ترجمے اور چند

---

[1] میں نے جن تھیٹر کے اداروں کا ذکر اردو ڈرامے کی کارکردگی کے ضمن میں کیا ہے ان سے وابستہ چند معروف ڈراما نگاروں کے نام حسبِ ذیل ہیں: منجو قمر یداللہی، محمد حسن، صفدر ہاشمی، حبیب تنویر، شیلا بھاٹیہ، لالہ لاجپت رائے، محمد مجیب، قدسیہ زیدی، زاہدہ زیدی، وشوامتر عادل، کمار پاشی خواجہ احمد عباس، شاہد احمد دہلوی (جو بعد میں پاکستان ہجرت کر گئے) سی ایل کاوش، عزیز قیسی، ایس اے میاں، اوپندر ناتھ اشک، عصمت چغتائی، لال چند بسمل پشاوری، ایم محمد حسین جمیل، راجندر سنگھ بیدی، کرشن چندر، علی سردار جعفری، اطہر پرویز، ابراہیم یوسف، شمیم حنفی، ساگر سرحدی، حمایت اللہ اور ظہیر انور۔۔۔ میں نے یہاں اپنے موضوعِ بیان کے مطابق اُنھیں تنظیموں اور قلم کاروں کا شمار کیا ہے جن کی اردو ڈرامے سے متعلق سرگرمیاں ۱۹۴۷ء کے بعد دو تین دہائیوں پر محیط ہیں (ممکن ہے یہ فہرست نامکمل ہو)

طبع زاد ڈرامے بڑی تکنیکی مہارت سے پیش کیے گئے جس سے بہر حال اردو ڈرامے کو بلا واسطہ فائدہ ہوا۔ اس کے علاوہ یوں بھی ثقافتی سرگرمیوں کے لیے ملک کی فضا سازگار تھی۔ نسلی اور اقلیتی فسادات کی شدت میں کمی کے باعث ماحول بہت حد تک پُرامن ہو چکا تھا۔ زندگی کا یہ پُرسکون ٹھہراؤ اردو شعر و ادب اور فنونِ لطیفہ کے فروغ کے لیے بے حد

۲؎ لسانیات کی رو سے اردو کے لیے مجھے 'ہندستانی' لفظ کی اختراع سے سرِ مو اتفاق نہیں۔ اردو کے لیے ہندوستانی کا نام میرے پیشِ نظر اپنا کوئی حقیقی وجود نہیں رکھتا۔ ۱۹۴۷ء کے بعد سے اردو زبان کی خودمختار حیثیت اور اُس کے قد و قامت کو کم کرنے کے سلسلے میں ہر سطح پر عجیب گل کھلائے جا رہے ہیں۔ چند حضرات کے نزدیک اردو کا تہذیبی ثقافتی اور معاشرتی ورثہ اس قدر قابلِ نفریں ہے کہ وہ منظم طور پر اس کے نام اور اس کی شناخت کے بھی درپے ہیں۔ جس طرح جمہوری ہندستان کی دیگر زبانوں کو اپنی لسانی خودمختاری حاصل ہے، بعینہٖ اسی طرح اردو بھی اپنی لسانی شناخت کی مستحق ہے۔ تھیٹر، فلم، ریڈیو اور ٹیلی وژن کے ذرائع ابلاغ و اظہار کے لیے زبان کے اُس اسلوب کو اختیار کرنا پڑتا ہے، جس سے نفسِ مضمون کی رسائی سماج و معاشرے کے ہر طبقے اور ہر فرد تک با آسانی ہو جائے۔ بیرونی الفاظ کی آمیزش اگرچہ حسبِ ضرورت جائز ہے تاہم ثقیل بھاری بھرکم دقیق مرکب الفاظ سے مکالموں میں زبان کا استعمال ترسیل و افہام کے منافی ہے۔ لیکن یہ بھی ذہن نشین کرنا انتہائی ضروری ہے کہ ابلاغِ عامہ میں لسانی اظہار کا انحصار کردار اور منظر نامے کے گرد و پیش کی مطابقت پر ہوتا ہے۔ فرض کیجیے کہ اسکرپٹ کا تقاضہ کسی صوفی، سادھو سنت، زن مرید شوہر، طوائف، راجا یا انارکلی کے کردار کی عکاسی کرنا ہے تو ظاہر ہے اُس صورت میں اس کو اسی زبان کی الفاظ بندی کرنا پڑے گی جس سے کردار کا لسانی تطابق ہو، جو اس کی سماجی تہذیب بول چال اور حرکات کی مناسب ترجمانی کر سکے ورنہ مکالمات میں عموماً سیدھی سادی سہل اور عام فہم زبان کا استعمال کرداروں کے ذریعہ اظہار کے لیے موزوں اور مناسب ہوتا ہے۔ بایں صورت اردو کو ہندوستانی سے موسوم کرنے کی غیر فطری کوشش کوئی منطقی جواز نہیں رکھتی البتہ ایک مکتبِ خیال ہندی اردو کے آسان الفاظ کو ملا کر ہندوستانی اردو کی تجویز کے حق میں ہے۔ مثال کے طور پر جیسے دکنی اردو یا یوپی اردو وغیرہ کے نام رائج ہیں (یا انگریزی میں امریکن انگلش اور کوکنی Cockeny انگلش کا تصور عام ہے) اسی نہج پر کسی بحث کا منطقی جواز کچھ حد تک قابل قبول ہو سکتا ہے جس کا دائرۂ عمل صرف ابلاغ عامہ کے ذرائع تک محدود ہے۔)

ممد و معاون ثابت ہوا۔ مہاراشٹر جنوبی ہند اور بنگال کی زبانوں کے تھیٹر بلا شبہ اس میدان میں اردو ہندی (ہندوستانی) کے پیش رو تھے۔ ایسے میں اردو تھیٹر بھی روایاتی قید و بند سے آزاد ہونے کے ذرائع تلاش کرنے لگا، لیکن ہندوستانی فلموں کا اثر و اقتدار اردو لکھنے اور بولنے والوں پر اس قدر غالب تھا کہ شاذ و نادر ہی ان میں سے کوئی اردو اسٹیج کی طرف راغب ہوتا۔ افسوس ہے کہ اردو اسٹیج سے بے اعتنائی کی یہ رسم ہنوز جاری و ساری ہے۔ جہاں اردو تھیٹر کی بدحالی کے دیگر اسباب و علل ہیں وہاں فلم اور ٹیلی ویژن کی علت بھی شامل ہے، جن سے والہانہ لگاؤ نے اردو تھیٹر کی نشوونما کے امکان کو بہت محدود کر دیا ہے۔

تھیٹر کا یہی وہ فکری عہد تھا جب کہ ملک کی دو دانش ورہستیاں: علیق پدمسی اور القاضی تھیٹر گروپ اور تھیٹر یونٹ کے روح رواں کی حیثیت سے تھیٹر کی گراں قدر خدمت انجام دے رہی تھیں۔ اُن کی یہ تنظیمیں انگلش اسٹیج کی سرگرمیوں کے ناتے بہت فعال تھیں۔ انھیں دنوں جب کہ میں زیر تعلیم تھا، ذول ویلانی کے ذریعے تھیٹر گروپ سے متعارف ہوا۔ گروپ کے کرتا دھرتا سب ہی اردو ہندی سے نابلد تھے۔ لہٰذا ان کے پروڈکشن انگریزی ڈراموں تک ہی محدود رہتے تھے۔ میرے شامل ہونے سے وہاں پہلی بار اردو ڈراموں کے سلسلے کا باقاعدہ آغاز ہوا۔ مجھ سے پہلے امین سایانی تھیٹر گروپ سے وابستہ تھے۔ جنھوں نے شاید ہی وہاں کبھی ایک آدھ دفعہ یک بابی اردو ڈراما کسی فنکشن میں پیش کیا ہوگا۔ جس سے ان کا مقصد ہرگز اردو تھیٹر کی کوئی شاخ قائم کرنا نہیں تھا۔ کچھ ہی عرصے بعد امین سایانی ریڈیو سیلون کی کمرشل سروس سے منسلک ہو گئے اور تھیٹر سے اپنا عملی رابطہ منقطع کر بیٹھے۔ اس کے بعد میں نے تھیٹر گروپ میں اردو شعبے کی باقاعدہ بنیاد ڈالی اور علیق پدمسی کے ساتھ مل کر اردو ڈرامے کے کئی پروڈکشن اسٹیج کیے۔ ابتدا میں چند خود نوشتہ یک بابی ڈراموں کے کئی شوز اسٹیج کیے لیکن پھر بہت جلد علیق پدمسی کی معیت میں ۱۹۶۰ کے آس پاس طویل

ڈراموں کے پروڈکشن کا سلسلہ شروع ہوگیا۔ ۱۹۵۷ء میں شیشے کے کھلونے، تھیٹر گروپ کی اولین اردو پیش کش تھی جس کو میں نے امریکی ڈرامے گلاس مینیجری سے اردو میں اخذ کیا تھا۔ اس ڈرامے کی کامیابی مستقبل کے پروگرام کے لیے خاصی حوصلہ افزا ثابت ہوئی۔ 'گھر کے چراغ'، تھیٹر گروپ کی جانب سے تین بابی طویل ڈرامے کے ضمن میں یہ دوسری کاوش تھی جو ایک امریکی ڈرامے All My Sons سے ماخوذ ہے۔ علیق پدمسی کے ساتھ بحیثیت معاون ہدایت کار رہ کر مجھے بہت کچھ سیکھنے کا موقع ملا۔ غرض کہ اسکرپٹ کی تیاری میں کافی عرق ریزی کرنا پڑی۔ اس طرح اخذ و اکتساب پر تقریباً دو ماہ مسلسل کام کیا۔ اسکرپٹ کی تکمیل کے بعد اداکاروں کا انتخاب دشوار مرحلہ تھا۔ اردو ہندی جاننے والے جو ایکٹنگ کی جانب مائل تھے ان کے نزدیک صرف فلمی ایکٹنگ ہی قابل ترجیح تھی۔ اس ڈرامے کا ایک بڑا گن یہ بھی ہے کہ ہر فردِ تمثیل اپنے کردار کی ساخت میں ڈرامائی واقعات و عمل کا مدلل اور مکمل تشخص ہے۔ چنانچہ افرادِ تمثیل کے لیے موزوں و مناسب اسٹیج اداکاروں کی دریافت میں ایک عرصہ لگ گیا، جس سے مفر غیر ممکن تھا یہ اس لیے کہ 'گھر کے چراغ' کا ہر رول اداکاری کے باشعور تجربے کا متقاضی ہے۔ بہر حال مرکزی اہم کرداروں میں ماں کے انتخاب کا فیصلہ ذہن میں اسکرپٹ کی تکمیل سے پہلے ہی طے کرلیا گیا تھا اور وہ شوکت اعظمی[۳] کے حق میں تھا۔ شوکت اس سے قبل تھیٹر گروپ

---

[۳] علیق پدمسی نے کسی موقع پر شوکت کی اداکاری کی صلاحیت پر اپنے تاثرات کا ان چند جملوں میں اظہار کیا تھا، جو میرے خیال میں نہایت ہی جامع ہے۔

She is an actress of enormous power, of vast emotional range. She is the kind of actress, who would play Medea and terrify the audience and then make them weep.

اس ضمن میں ایک اور واقعہ قابل ذکر ہے جو 'گھر کے چراغ' کی ریہرسل میں شوکت سے متعلق پیش آیا تھا۔ ڈرامے کے آخری سین میں شوکت اپنے شوہر کی خودکشی پر جس دردناکی سے (بقیہ اگلے صفحے پر)

کے 'شیشے کے کھلونے' میں شیل ورما کا مرکزی کردار نہایت کامیابی سے ادا کر چکی تھیں۔ چنانچہ پرتھوی تھیٹر سے قطع نظر، شوکت کی مرکزی اداکاری کے پس منظر میں اُس وقت تک تین طویل ڈرامے دھانی بانکیں، بھوت گاڑی اور شیشے کے کھلونے کا تجربہ کارفرما تھا جس میں موخرالذکر ڈرامے سے نہ صرف ان کی اداکارانہ صلاحیتوں کی شناخت قائم ہوئی بلکہ علیق پدمسی کے ساتھ کام کر کے اسٹانس لاوسکی کے ضابطۂ عمل کے مطابق (ممکن ہے کہ یہ عمل غیر شعوری ہو) وہ ایک مخصوص ایکٹنگ کی تنظیم سے بھی بہرہ ور ہو گئیں۔ یہی سبب ہے کہ شانتی کے کردار میں ماں کے ایک المناک ناقابل اظہار صدمے اور خوف کے روح فرسا جذبات کی عکاسی میں شوکت کی اداکاری فقید المثال تھی۔ کھنہ کا مرکزی کردار سراج برما والے نے ادا کیا۔ سراج کو گجراتی، انگریزی، اردو اور ہندی اسٹیج کی اداکاری کا وسیع تجربہ تھا۔ چنانچہ اس نوع کے جذباتی رول کے لیے اس کی آواز کا اتار چڑھاؤ جسمانی حرکات و سکنات اور چہرے کے تاثرات بل کل موزوں تھے۔ رنجیت کے کردار کے لیے سورگ باش نتن سیٹھی کی خدمات حاصل کیں۔ سیٹھی جو ہو آرٹ تھیٹر اور اپٹا سے منسلک تھے۔ اس کے علاوہ ہندوستانی فلم کے ممتاز اداکار بلراج ساہنی کے اکثر ڈراموں میں کام بھی کر چکے

(پچھلے صفحے سے جاری) اپنی چوڑیاں توڑ کر سسکیوں سے رو رہی تھیں آج تک ذہن پر اُس کا تاثر باقی ہے۔ ان کی کلائیاں زخمی ہو گئیں تھیں۔ علیق نے اُس منظر میں شوکت کی حقیقت آمیز اداکاری کی اس طرح ترجمانی کی ہے۔

I remember in a scence from the play she played the role of the wife, whose husband commits suicide. There is a pistol shot fired off-stage and after a pause, Shaukatji comes on a stage and begins to smash her bangles to show that she has become a widow. At the rehearsal the bangles cut her wrist and it began to bleed. I was concerned and stopped the rehersal, But she ever the trouper, carried on regardless of the blood and pain.

تھے۔انھوں نے بڑی لگن اور محنت سے اپنے رول کو نبھایا۔ابو سیوانی کو راج کے کردار کے لیے چنا گیا سیوانی کو فلم اور اسٹیج کا خاصا تجربہ تھا۔انھوں نے بڑے جوش وخلوص سے اپنا کردار نبھانے کی کوشش کی،اس سے قبل بھی انھیں شیشے کے کھلونے میں ایکٹنگ کا خاطرخواہ موقع مل چکا تھا۔آشا کے کردار کے لیے کسی مناسب اداکارہ کا حاصل کرنا نہایت جان لیوا ثابت ہوا۔یہ وہ عرصۂ حیات تھا جب کہ اردو بولنے والے گھرانے اپنی بچیوں کا کھلے عام اسٹیج پر کام کرنا معیوب سمجھتے تھے۔عام طور سے تعلیم یافتہ گھرانے بھی اپنی بہو بیٹیوں کے لیے اسٹیج اور فلم کو شجر ممنوعہ قرار دیتے تھے۔آخر کار بڑی جستجو کے بعد شمالی ہند کی ایک نوجوان خاتون شوبھا جو بحیثیت طالبِ علم ممبئی کے ایک ہوسٹل میں خود مختار طور سے رہتی تھیں،اُن سے تعارف ہوا اور انھوں نے بڑی ہمت سے آشا کے کردار کی عکاسی کا بار کسی طرح برداشت کرلیا۔باقی کے معاون کردار باآسانی دستیاب ہو گئے لال اگنانی نے سندھی جوتشی کا رول بہت طمطراق سے ادا کیا اور خوب داد پائی۔ڈاکٹر فرید کے کردار کے لیے جب کوئی ڈھنگ کا کیریکٹر نہ مل سکا تو مجبوراً اُس کا روپ راقم الحروف کو دھارنا پڑا جس کے ساتھ میرا خیال ہے کہ میں کماحقہٗ انصاف نہیں کرسکا۔علیق کی سابقہ اہلیہ مرحومہ پرل پدمسی نے کھنہ فیملی کی پڑوسن سوزی یعنی ڈاکٹر فرید کی بیوی کے کردار کی ادائیگی سے خوب داد و تحسین حاصل کی۔اس طرح کاسٹ آخر کار مکمل ہوگئی۔ان حالات میں اُن دنوں کسی اردو ڈرامے کو اس قدر تنظیم سے پیش کرنا 'آبیل مجھے مار' کے مصداق تھا اور اب بھی یہی صورتِ حال قائم ہے۔

'گھر کے چراغ' کے ابتدائی شوز ممبئی کے جے ہند کالج میں منعقد ہوئے جو کامیاب گئے اور اخباروں نے اپنے تبصروں کے ذریعے ڈرامے کی اچھی خاصی پذیرائی کی۔گھر کے چراغ کے آخری شوز کا انعقاد ممبئی کے خوبصورت علاقے باندرہ میں ایک کھلے پُر فضا مقام پر کیا گیا،جو کھنہ فیملی کی کوٹھی کے منظر نامے کا ہو بہو عکس تھا۔ڈرامے کے ان شوز کو شہر

کی ایک متمول خاتون نے اسپانسر کیا تھا جو ممبئی میں رقص وموسیقی کی ایک جانی پہچانی ہستی تھیں ۔ اُنھوں نے اپنی کوٹھی کے عقبی حصے میں شوز اسٹیج کرنے کا اہتمام کیا۔ اُن کی کوٹھی کے پیچھے ایک کشادہ باغ تھا۔ جس کے اطراف پیڑ پودوں کی قطاریں اور پھولوں سے لدی کیاریوں کی روشیں تھیں ۔ باغ کے بیچ میں ایک اونچی مستطیل جگہ اسٹیج سے خاصی ملتی جلتی سطح کی مانند تھی، جو میرے خیال سے رقص وغیرہ کے فنکشن کے لیے مخصوص تھی، جس کے سامنے دیکھنے والوں کے لیے باقاعدہ نشستوں کا انتظام تھا۔ کوٹھی کی عمارت سے ملحق زینے کی طرح ایک ڈھلوانی گزرگاہ تھی جو باغ کے تقریباً وسط میں ختم ہوتی تھی ۔ ڈرامے کے پس منظر کے لیے یہ ماحول بے انتہا نیچرل تھا جس نے ڈرامائی تاثر کے لیے ایک جمالیاتی فضا کو ہموار کیا۔ یہ کوٹھی جس جگہ پر واقع تھی اس کی سطح قدرے اونچائی پر تھی، جہاں اطراف میں ممبئی کے بیشتر فلمی ستارے آباد تھے ۔ چنانچہ ڈرامے کے شوز کے درمیان بہت سے جانے پہچانے فلمی اداکار اور ہدایت کار وغیرہ کے چہرے نظر آئے ۔ ڈرامے کے اختتام پر ایک پارٹی کا انتظام بھی کیا تھا۔ میزبانوں نے اختتام پر تمام فلمی مہمانوں سے کاسٹ کا انفرادی تعارف کرایا۔ سبھوں نے بے حد تپاک سے مبارک باد پیش کی ۔ کاسٹ کے تمام ممبر اشتیاق و اضطراب کے ایک عجیب جذبے سے سرشار تھے ۔ ڈرامے کے یہ دونوں شوز بہت کامیاب گئے ۔ جو تھیٹر گروپ کی جمالیاتی پیش کش کے اعتبار سے اردو کے ناقابل فراموش پروڈکشن ثابت ہوئے ۔ (فلمی دنیا کے گرودت سے یہیں شو کے بعد میری پہلی ملاقات ہوئی ۔)

اسی ڈرامے کے سلسلے میں اب تک وہ ایک دلچسپ واقعہ میری یادداشت میں محفوظ ہے، جس سے میرا ان ہی دنوں سابقہ پڑا تھا۔ لیلا چٹنس نیوتھیٹر فلم وغیرہ کی ایک زمانے میں مشہور ایکٹرس ہوا کرتی تھیں ۔ ان کے ایک صاحب زادے مینا چٹنس (مینا کے نام پر مجھے اکثر لڑکی کا گمان ہوتا تھا) میرے ساتھ زیویرس کالج میں زیرِتعلیم تھے ۔ وہیں سے

میری جان پہچان کا سلسلہ قائم ہوا۔ ایک دن موصوف کارلے کر میرے گھر کے سامنے آن دھمکے۔ معلوم ہوا اُنھوں نے بھی میری طرح آل مائی سنز کا ترجمہ اپنی زبان میں کر رکھا ہے اور کچھ ہی دنوں میں ان کے ڈرامے کا افتتاح ہونے والا ہے۔ قبلہ انتہائی کشمکش و پنج میں تھے کہ ڈرامے میں جو ڈاکٹر کا رول کر رہا تھا، وہ میدان چھوڑ کر بیرونِ ملک بھاگ کھڑا ہوا۔ مینا کے چہرے پر ہوائیاں اڑ رہی تھیں۔ اُنھیں معلوم تھا کہ میں بھی اپنے اُسی ڈرامے میں ڈاکٹر کا رول ادا کر چکا ہوں۔ چنانچہ ان کا اصرار بجا تھا کہ میں ان کے ڈرامے میں ڈاکٹر کا پارٹ لے کر ڈوبتی نیا کو منجدھار سے نکال دوں۔ شوز کے ٹکٹ بک ہو چکے تھے اور چار پانچ دنوں کے قلیل عرصے میں کسی اور کو تیار کرنا ناممکن تھا۔ ڈاکٹر کا کردار تو دراصل ایک ہی تھا لیکن نام اور مکالمے بہر حال میرے ڈرامے سے مختلف تھے۔ مینا کی پریشانی کا مجھے بخوبی اندازہ تھا۔ مجھے یقین دلایا گیا کہ چار دن صبح سے شام تک کی ریہرسل میں کرداروں کے نام وغیرہ کا مسئلہ حل ہو جائے گا۔ ایکٹنگ سے مجھے ایسا کوئی خاص لگاؤ نہیں تھا۔ پھر بھی بہر طور راضی ہو گیا محض تھیٹر کی رفاقت میں:

ہو ممکن تو یاری کی، نہیں تو اشک باری کی

علیق پدمسی سے مجھے اخلاقاً اجازت لینی پڑی۔ پہلی بار جب ڈرامے کی ریہرسل میں حاضری دی تو ڈرامے کی زبان، کرداروں کے نام، جملوں کی صرف ونحو وغیرہ سب ہی میری اپنی اسکرپٹ سے مختلف نکلے۔ بہر صورت میں نے اپنے ڈرامے کے مکالموں کو مینا کی اسکرپٹ کے ناموں سے جوڑ کر کچھ دنوں کی ریہرسل کے بعد جس طرح بن پڑا شوز کے تقاضے کو پورا کر دیا۔ مینا کے ڈرامے کے مرکزی کردار کا رول ہری زری والا انجام دے رہا تھا۔ جس سے ان دنوں میری بڑی بنا کرتی تھی۔ ہری غضب کا اسٹیج آرٹسٹ تھا۔ رہی میری ایکٹنگ تو بس یوں ہی برائے نام تھی۔ لہٰذا مجھے آج تک اس ڈرامے میں اپنی بدحواسی کے موقعوں پر ہمیشہ ہری کی خوش مذاقی یاد آتی ہے۔ ڈرامے کی نمایش کے

دوران اس نے کس قدر خوش دلی سے میری کسمپرسی کی حالت کو سنبھالا اور کس ہنر مندی سے شوز کے دوران مجھے پرومپٹ (Prompt) کیا۔۔۔ڈراما ختم ہوتا اور ہری اور ہم دونوں سولہ نمبر کی ٹرام میں بیٹھ کر گھر آتے (ممبئی میں یہ ٹرام کے چل چلاؤ کا زمانہ تھا) ہری کی رہایش میرے گھر کے قریب کے محلے میں تھی۔راستے بھر وہ میرے بھولنے اور میری ایکٹنگ پر جوک مارتا رہتا اور ہم دونوں ہنستے رہتے۔یہ وہی ہری زری والا تھا جو بعد میں بالی ووڈ کی فلموں میں سنجیو کمار کے نام سے روشناس ہوا، جس نے تھوڑے ہی عرصے کے اندر اپنی لاثانی اداکاری سے فلم کی دنیا میں ایک غیر فانی مقام حاصل کرلیا۔ بدقسمتی سے موت کے بے رحم ہاتھوں نے اُس اہم عظیم اداکار کو ہم سبھوں سے بہت جلد چھین لیا۔معلوم نہیں مینا چٹنس کا بعد میں کیا حشر ہوا۔ایک طویل عرصہ گزرجانے کے بعد سننے میں آیا تھا وہ کسی نفسیاتی مرض میں مبتلا ہو کر منشیات کا عادی ہوگیا ہے۔لیکن اُن دنوں اتنا شعور کہاں تھا کہ کسی کے دکھ میں شریک ہو کر اُس کے پریشان ذہن کو سمجھنے کی کوشش کرتا۔زندگی کے ڈرامے میں نہ جانے کتنے مختلف کرداروں کے ساتھ سابقہ پڑتا ہے لیکن کچھ ایسے ہوتے ہیں جو اپنا رول پورا کرتے ہی ہمیشہ کے لیے ڈرامے کے سین سے غائب ہوجاتے ہیں۔'گھر کے چراغ' کے پس پردہ یہ تھی وہ روداد، زندگی کے حقیقی تماشے میں اُن کرداروں کی، جنھیں ہم اکثر بھول جایا کرتے ہیں۔

اس ڈرامے کے عنوان سے متعلق ایک دو باتیں بتانا ضروری سمجھتا ہوں۔جب ڈرامے کی اسکرپٹ مکمل ہوگئی تو اس کا عنوان بڑی بحث وتمحیص کے بعد سارا سنسار اپنا پریوار طے کیا گیا اور تھیٹر گروپ نے اسی عنوان سے اس کی ابتدائی شوز منعقد کیے۔مجھے اس عنوان سے شروع سے سخت اختلاف تھا۔لیکن علیق پدمسی کے سامنے تمام دلیلیں بھینس کے آگے بین بجانے کے مترادف تھیں۔اس کی ابتدائی نمائش کے بعد میں نے سابقہ عنوان کو 'گھر کے چراغ' سے بدل دیا۔اب غور کرتا ہوں تو سمجھ میں آتا ہے کہ علیق اور تھیٹر

گروپ کے دیگر کارکردگان کی نظرانتخاب کس لیے سارا سنسار اپنا پریوار پر مرکوز ہوئی۔ علیق صاحب دراصل لنٹاس (Lintas) ایڈورٹائزنگ سے بحیثیت جنرل مینیجر وابستہ تھے۔ اُن کی ملازمت کا آغاز کاپی رائٹر کے عہدے سے ہوا تھا۔ اس لیے ان کے ذہن کے خاکے میں عوام الناس کی کشش توجہ کے لیے اسی نوع کے نام ضروری تھے جو اشتہاری سرخیوں (Captions) کے ذریعے روز کی اشیائے استعمال کی فوراً پہچان بن جاتے ہیں۔ سارا سنسار اپنا پریوار کا انتخاب بھی اسی ایڈورٹائزنگ کے کمرشل تصور کو پیش کرتا ہے جس کے وہ عادی تھے۔ اور پھر ان کی ابتدائی تربیت مغربی ماحول میں ہوئی تھی، اس لیے وہ اُردو یا ہندی زبان کے تقاضوں سے بے بہرہ تھے۔ علیق کے نزدیک اُس کے پسندیدہ عنوان میں 'س' اور 'ر' کی تکرار انگریزی صوتیات کے تناظر میں مستحسن ہو لیکن اردو میں اس نوع کی تکرار کو صوتی لحاظ سے کچھ زیادہ قابل اعتنا خیال نہیں کیا جاتا (انگریزی سے اردو میں اشتہاری اسکرپٹ کے ترجموں کے عام طور سے اب تک یہی عالم ہے) ■■

شوکت کیفی نے رفعت شمیم کے ڈرامے گھر کے چراغ میں ماں کا مرکزی کردار ادا کیا
جس کو مرحوم علیق پدمسی نے تھیٹر گروپ ممبئی کی جانب سے ۱۹۵۸ میں بطور ہدائت کار اسٹیج کیا

لندن میں اردو تھیٹر

ایک مختصر جائزہ

یہ نہایت ہی افسوس کا مقام ہے کہ اردو زبان میں ڈرامے کی صنف ہمیشہ بے اعتنائی کا شکار رہی ہے۔جب کہ اردو کی دیگر اصناف ِادب مثلاً افسانہ، ناول، شاعری، تنقید، لسانیات وغیرہ پر خاطرخواہ کام کیا گیا ہے میرے خیال میں ہندی اردو فلموں سے لگاؤ، مذہبی تنگ نظری، شعور کا فقدان اور اقتصادی حالات کا اس سلسلے میں کافی عمل دخل ہے تاہم ان نامساعد حالات میں بھی اردو اسٹیج ڈرامے کی سرگرمیاں کسی حد تک وقتاًفوقتاً نمایاں رہی ہیں(البتہ ہندوستان میں اردو ڈرامے بہرحال اسٹیج ہوتے رہتے ہیں) ہندوستان میں تقسیمِ ملک سے پہلے آغا حشر کاشمیری اور امتیاز علی تاج اور چند دیگر قلم کاروں کی اردو ڈرامائی تخلیقات اردو اسٹیج کے لیے بلا شبہ قابل قدر ہیں لیکن آزادی کے بعد ہندوستان میں اردو تمثیل نگاری اور اردو اسٹیج کے فروغ کے سلسلے میں کچھ تحریکیں گو کہ خاصی سرگرمِ عمل رہیں لیکن لسانی تعصب نسلی منافرت، سرکاری بے اعتنائی اور بیشتر اردو ادیبوں کی بے شعوری کے عناصر اردو کی اس صنف کے فروغ میں حد درجہ حائل رہے جو اب تک بڑی حد تک عملی طور سے محسوس ہوتے ہیں۔

میرا موضوع دراصل لندن میں اردو ڈرامے سے متعلق ہے۔ چنانچہ میں لندن کے اردو اسٹیج پر اجمالی طور پر روشنی ڈالنا چاہوں گا۔ بی بی سی ریڈیو کی فارن سروس کے

اردو شعبے کی نشریات سے منسلک وہ قلم کار جن کو برصغیر ہند و پاک سے کچھ عرصے کی ملازمت کے لیے منتخب کیا جاتا ہے ان کی اردو تمثیلی تخلیقات البتہ ضرور لندن کے مقامی اسٹیج پر دیکھنے میں آئی ہیں۔لیکن باقاعدہ طور پر کوئی تنظیمی کام نمایاں نہیں ہوا لہٰذا لندن میں اب تک ہونے والے اردو ڈراموں کی تاریخی نشان دہی نہایت دشوار ہے بی بی سی ریڈیو کی اردو فارن سروسز سے منسلک جن حضرات نے اپنے تخلیق کردہ جو بھی ڈرامے اسٹیج کیے وہ بیشتر صرف ایک ہی بار نمایش کی حد تک محدود رہے جب ان کی ملازمت ختم ہوئی تو وہ لندن سے اپنا رخت سِفر باندھ گئے اور اس طرح اردو اسٹیج کی کوئی مستقل خدمت کی صورت نمایاں نہیں ہوسکی۔تاہم ان میں سے گنتی کے کچھ حضرات یہاں آباد ہونے میں کامیاب ہو گئے اور انھوں نے حتی الامکان اردو ڈرامے اسٹیج کرنے کی کوشش کی مگر اردو سے واقف ناظرین کی پذیرائی حاصل نہیں ہوسکی جس کا نتیجہ یہ ہوا کہ انھوں نے یہاں پھر کبھی اردو اسٹیج کی طرف رخ نہیں کیا۔میں اتنا ضرور اس حوالے سے عرض کرنا چاہوں گا کہ بی بی سی ریڈیو کی اردو سروس سے وابستہ ان قلم کاروں کا بیشتر رجحان اور تجربہ تکنیکی لحاظ سے صرف ریڈیائی تمثیل نگاری پر ہی مرکوز رہا ہے۔چنانچہ اسٹیج اور اسکرپٹ کی تکنیکی ضروریات کے لحاظ سے ان کے ڈرامے کوئی نمایاں رول ادا نہیں کر پائے۔اس حوالے سے بی بی سی فارن اردو سروس کے سابق پروڈیوسر مرحوم آلِ حسن یاور عباس، رضا علی عابدی، اور وسیم صدیقی وغیرہ کے نامِ کسی تعارف کے محتاج نہیں ہیں۔

اکثر یوں بھی ہوا ہے کہ ہند و پاک کے چند اردو ڈراما نگار کچھ عرصے کے لیے یہاں تشریف لائے اور انھیں اپنے دورانِ قیام اردو ڈرامے پیش کرنے کے مالی مواقع میسر ہوئے۔یعنی کوئی اسپانسر ان کے ہاتھ لگ گیا۔ ۶۰ کی دہائی میں جب ساجدہ زیدی کا لندن آنا ہوا تو انھوں نے اپنے کچھ واقف کاروں کی حوصلہ افزائی اور مالی اعانت سے اپنا ڈرامہ دوسرا دروازہ اسٹیج کیا۔جس کی نمایش غالباً صرف ایک دو شوز تک محدود رہی۔پھر ۸۰ کی

دہائی کے اوائل میں پاکستان کے اسٹیج اور ٹیلی وژن کے کچھ معروف فنکار اور قلم کار یہاں آئے اور انھوں نے اپنے عارضی قیام کے دوران اپنے تخلیق کردہ یا انگریزی سے اخذ شدہ طویل اردو ڈرامے مقامی تھیٹر ہال میں اسٹیج کیے جن کے محض دو تین شوز ہی نمایش کے لیے پیش ہو سکے جس کے سبب انھیں مالی اعتبار سے خسارے کا سامنا کرنا پڑا۔

اسی عرصے کے درمیان ہندستان کے مشہور و معروف تمثیل نگار مجیب نے اپنا لکھا ہوا ایک طویل ڈراما باقاعدگی سے لندن کے مقامی اسٹیج پر پیش کیا۔ جو غالباً ایک شو کی حد تک ہی محدود رہا اس کے بعد پاکستان سے آئے ہوئے اسٹیج اور ٹیلیوژن کے ممتاز ادیب و فنکار کمال احمد رضوی نے لندن میں 'کس کی بیوی کس کا شوہر' اسٹیج کیا۔ جس کی کوئی خاص پذیرائی نہیں ہوئی ۔ یہ ڈرامہ دراصل مولیرؔ کے ایک مشہور ڈرامے سے اخذ کیا گیا تھا (لیکن موصوف نے اس کا اظہار مناسب نہیں سمجھا۔ بدقسمتی سے سرقے کا یہ سلسلہ اکثر یہاں جاری و ساری نظر آتا ہے۔ حال ہی میں کسی صاحب نے امتیاز علی تاج کے مشہور ڈرامے انارکلی میں فلم مغل اعظم کے مکالمے ملا کر قدرے ردو بدل کے ساتھ اسے اپنے نام سے اسٹیج کر دیا جس میں موصوف نے اکبر کا مرکزی کردار بھی ادا کیا۔ اور حیرت ہے کسی نے انگلی تک نہیں اٹھائی ۔ راقم الحرف کا لکھا ہوا ڈرامہ غالب اِن لنڈن بھی انھیں صاحب کے ہتھے چڑھ کر مالِ مسروقہ کی حیثیت سے اسٹیجی روپ دھار چکا ہے۔)

۹۰ کی دہائی میں لندن میں تھیٹر کی نہایت ہی قابل قدر اور عظیم فن کار شخصیتیں زہرہ سہگل اور عذرا یہ دونوں بہنیں برِ صغیر پاک و ہند سے تشریف لائیں اور ایک طویل ڈراما 'ایک تھی نانی' مدیحہ گوہر کی ہدایت کاری میں اسٹیج کیا۔ جس کو اردو تھیٹر کے شائقین نے ناسٹیلجیا کے تناظر میں نہایت سراہا۔ لیکن بیرونِ ممالک سے آئے ہوئے اردو تھیٹر کے ان تمام شہرت یافتہ فنکاروں میں سے ہندستان کے معروف اداکار نصیر الدین شاہ نہایت ہی قابل احترام و تحسین ہیں، جنھوں نے ۹۰ کی دہائی میں لندن کے مقامی اسٹیج پر 'عصمت آپا

کے نام' سے ایک قابل تعریف تمثیل پیش کی جسے ناظرین نے بے حد سراہا تاہم دیکھنے والوں کی تعداد قابل افسوس تھی۔اس کے علاوہ للت دوبے نے بھی اپنے ہندوستانی فن کاروں کی ٹیم کے ساتھ ایک مقامی تھیٹر واٹرمینز میں اردو ہندی کے ڈرامے پیش کیے جن کی ناظرین کی جانب سے خاصی پزیرائی ہوئی۔ ۲۰۱۳ کے اوائل میں مشہور فلم اور تھیٹر فنکار ٹام آلٹر نے لندن کے نہرو سینٹر اور بھارتیہ ودیا بھون ہال میں ہندستان کے چند اردو ڈراموں میں مرکزی کردار ادا کیے جو بے حد کامیاب ہوئے انھیں میں ایک ڈرامہ ابوالکلام آزاد اور ان کی زندگی پر پیش کیا گیا تھا۔یہ ڈرامے دراصل سب sponsored تھے اس سے پہلے' تمھاری امرتا' اور 'ماں ریٹائرڈ ہوتی ہے' کے اسٹیج پروڈکشن بھی لندن کے کمرشل تھیٹر میں پیش کیے جا چکے تھے جو خاصے مقبول ہوئے۔ کیوں کہ ان ڈراموں کی کاسٹ میں کچھ فلم اداکار بھی شامل تھے اس لیے دیکھنے والوں کی اچھی خاصی تعداد موجود تھی۔(یہ شوز بھی دراصل سب sponsored تھے) لندن کی ایک مقامی ایشیائی ڈراما تنظیم کا یہاں ذکر کرنا ضروری سمجھتا ہوں جو ۱۹۷۸ سے باقاعدہ اردو اسٹیج کی خدمت میں سرگرم ہے یہ تنظیم اپٹا لندن یعنی انڈو پاک تھیٹر آرٹسٹ کے نام سے قائم ہے جس کی جانب سے لندن کے مختلف مقامی اسٹیج پر یک بابی اور طویل اردو ڈرامے پیش کیے جاتے ہیں۔(☆اپٹا لندن کی جانب سے اب تک باقاعدگی سے لندن کے مختلف مقامی اسٹیج پر متعدد اردو ہندی گجراتی اور انگریزی ڈرامے پیش کیے جا چکے ہیں راقم الحروف اسی تنظیم کا روح رواں ہے۔)

اس کے علاوہ کچھ اور کلچرل تنظیمیں بھی فعال رہی ہیں جن کی جانب سے لندن میں گاہے بگاہے جزوی طور پر اردو ڈرامے اسٹیج ہوئے ہیں لیکن ان سبھوں کی نمایش محض ادو تین شوز تک ہی محدود رہی ہے۔

اس نوع کی تنظیموں میں لندن میں عرصے سے قائم سوفی کے نام سے ایک کلچرل ادارہ

ہے جو اکثر اردو یک بابی ڈراموں کی کی اسکرپٹ کی ڈرامائی ریڈنگ پیش کرتا ہے سوفی کے روح رواں جناب مصطفیٰ شہابؔ ہیں جن کی اس نوع کی سرگرمیاں اردو ڈرامے کی بقا کے لیے یقیناً کارآمد ہیں ۔ مصطفیٰ صاحب نے کئی سال پہلے لندن کے مشہور شا (Shaw) تھیٹر میں ہندستان کے چند مدعو فن کاروں کی مدد سے اردو ڈرامے ’شام ڈھلے سویرا‘ اور ’قبول کیا میں نے‘ اسٹیج کیے جو خاصے مقبول ہوئے ان میں سے ایک ڈراما مجیب صدیقی کا تحریر کردہ تھا۔حال ہی میں کچھ عرصہ قبل مصطفیٰ صاحب کی کلچرل تنظیم سوفی کے زیرِ اہتمام مقامی تھیٹر میں ہندوستان کے معروف فن کار ’ونے ورما‘ نے ایک one man show اسٹیج کیا جس میں ’ونے ورما‘ نے اردو کے ٹیلی ویژن اور فلم وغیرہ کے ایک مقبول رائٹر راہی معصوم رضا کے کردار اور اس کی زندگی کے واقعات کو نہایت ہی موثر ڈرامائی روپ میں پیش کیا جس کو ناظرین نے بے حد سراہا۔

اس کے علاوہ ریڈیو، ٹیلیوژن اور مختلف شعبہ ہائے زندگی سے متعلق جن چند لکھنے والوں نے لندن میں اردو ڈرامے اسٹیج کیے ہیں۔ان میں یاور عباس، پرویز عالم، چمن لال چمن، تیج شرما، شاہدہ عزیز، شمس الدین آغا اور باصر کاظمی اور چند دیگر گنتی کے لکھنے والوں کے نام قابل ذکر ہیں۔شاہدہ عزیز جو شروع میں افسانہ نگار کی حیثیت سے لندن کے اردو ادبی حلقوں میں متعارف ہوئی تھیں انھوں نے بعد میں ڈراما نگاری کی جانب توجہ مبذول کی اور اپنے تین طبع زاد ڈرامے ’صدائے کشمیر‘، ’آپ کی عدالت میں اور دستک‘ لندن کے ایک مقامی تھیٹر میں اسٹیج کیے اس سے قبل ۱۹۷۸ میں وہ انڈو پاک تھیٹر لندن کی ایک مقامی ادارے کے پروڈکشن میں بطور اداکار کے بھی کام کر چکی تھیں ایشیائی ریڈیو اور اردو ہندی ادب کی ایک خاصی مقبول ہستی چمن لال چمنؔ نے انھیں دنوں اپنا ایک ڈرامہ ’ہندوستان ہمارا ہے‘ کے نام سے لندن کے مقامی اسٹیج پر پروڈیوس کیا جس کی ہدائت کاری بلونت گارگی نے انجام دی۔بدیع الزمان کی اداکاری اس ڈرامے

کا طرۂ امتیاز تھی۔

آخر میں اختصار کے ساتھ چند باتیں لندن میں اردو اسٹیج کے حوالے سے عرض کرنے کی جسارت کروں گا۔ میرا مشاہدہ ہے کہ جو بھی اردو ڈرامے پچھلے چار پانچ دہائی کے عرصے میں یہاں اسٹیج ہوئے ہیں، بدقسمتی سے ان کے بیشتر شوز تین چار دن کی نمائش تک ہی محدود رہے بنیادی طور پر اردو زبان سے واقف ہمارے بیشتر ایشیائی تارکانِ وطن تھیٹر جانے سے حتی الا مکان گریز کرتے ہیں یہی وجہ ہے کہ اسٹیج پر نمودار ہونے والے اردو ڈراما شوز کو ہمیشہ خسارے کا سامنا کرنا پڑتا ہے اکثر ایشیائی ثقافتی تنظیمیں اردو ڈرامے کی بجائے دیگر performing arts کے پروگرام پیش کرنے میں زیادہ سرگرم نظر آتی ہیں۔ اردو زبان اور اس کی تہذیب وثقافت کے شائقین محض فلم، موسیقی اور شعر و سخن کی محفلوں میں شریک ہونا قابل ترجیح خیال کرتے ہیں۔ اس طرح لندن جو تھیٹر کے لحاظ سے دنیا بھر میں ایک ممتاز اہمیت کا حامل ہے بدقسمتی سے یہ حقیقت ہے کہ اردو ڈراما اور اردو اسٹیج یہاں تضیع اوقات کا باعث سمجھے جاتے ہیں۔ برعکس اس کے دیگر زبانوں کا تھیٹر انگلستان کے طول وعرض میں نہایت ہی فعال اور سرگرم نظر آتا ہے۔ خاص کر گجراتی ڈرامے کمرشل طور سے بے حد منافع بخش ثابت ہوتے ہیں۔

لندن میں اردو تھیٹر سے متعلق یہ مضمون جو انیسویں صدی کے اواخر میں تحریر ہوا ہے، ایک تمہیدی نوعیت کا حامل ہے۔ یقین ہے اس موضوع پر آیندہ تفصیل سے لکھنے والوں کے لیے یہ مضمون ایک کارآمد حوالے کے طور پر کام آسکتا ہے۔

---

* برطانیہ کی ایک ایشیائی تھیٹر تنظیم انڈو پاک تھیٹر لندن کے زیرِ اہتمام رفعت شمیم نے جو اردو ڈرامے سنہ ۱۹۷۸ء سے اب تک لندن کے مختلف مقامی اسٹیج پر پیش کیے ہیں وہ حسبِ ذیل ہیں:
اس منجدھار میں، ان دیکھی زنجیریں، غالبؔ اِن لندن، دو گز زمین، شانتی، کل دیکھیں گے، جورو کے غلام، میں تو چلا کاشی، کنیا دان، دہکتے انگارے، دروازہ کھلا ہے، شیشے کے کھلونے، تین پاگل (جن

یں منٹو کا اس منجدھار میں نیز مرہٹی اور گجراتی ڈراموں سے ماخوذ کنیادان اور تین پاگل قابل ذکر ہیں باقی دیگر ڈرامے رفعت شمیم کے طبع زاد اور کچھ اخذ کردہ ہیں اس کے علاوہ رفعت شمیم نے چند گجراتی اور انگریزی ڈراموں کو بھی لندن میں اسٹیج کیا ہے جن میں گریش کرنارڈ کا ٹیپو سلطان (انگریزی)، رفعت شمیم کے انگریزی میں نوشتہ دو ڈرامے My people my country، Friendly Fire، اور وجے ٹنڈولکر کے ایک مرہٹی ڈرامے کملا کا انگریزی adaptation چمپا بھی شامل ہیں) گجراتی ڈرامے جو انھوں نے پروڈیوس اور ڈائرکٹ کیے ان میں ''توہِج ماری گنگا توُ ہِج ماری کاشی (جو میرے ڈرامے میں تو چلا کاشی سے ماخوذ ہے)'' اور ''ہزبنڈنی ہوم ڈیلیوری (یہ اسلم پرویز اور دنیش کا نوشتہ ہے)'' شامل ہیں۔ ■■

ڈراما: میں تو چلا کاشی

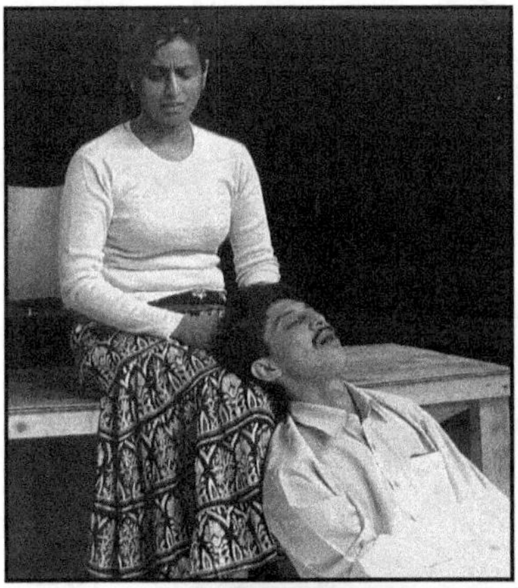

ڈراما: شیشے کے کھلونے

ڈراما: شانتی

غالب اِن لندن

امسال برِصغیر ہندو پاک اور اردو کی دیگر چند نو آبادیوروپی بستیوں میں غالب برسی کی تقریبات بڑی دھوم دھام سے منعقد کی جارہی ہیں۔

جن میں مرزا اسداللہ خاں غالب کو جنت سے بڑے جتن اور نہایت اہتمام کے ساتھ بہ نفس نفیس مدعو کیا گیا ہے۔مرزا آج شام ہندوستان کے سفر سے بہت ہی دل برداشتہ اور پریشان حال انگلستان لوٹنے والے ہیں۔ان کے استقبال کے لیے لندن کی ایک معروف ثقافتی تنظیم کے چند اراکین پھولوں کے ہار گل دستے لیے ایر پورٹ پر ان کی آمد کے منتظر ہیں۔

لندن کے ایک مقامی ہال کا یہ منظر ہے۔جہاں زیادہ تر پاکستانی اور ہندوستانی حضرات بمعہ اپنی شریکانِ حیات موجود ہیں اور کچھ مستشرقین بھی سوٹ بوٹ اور ٹائی میں ملبوس نظر آتے ہیں۔پس منظر میں غالبؔ کے کچھ زبان زدعام اشعار موسیقی کی دھنوں پر گونج رہے ہیں۔وسط اسٹیج پر ایک جھروکے کے مانند قدرے اونچی سی نشست نمایاں ہے۔جو ریشمی تو شک اور گاؤ تکیوں سے مُزّین ہے لیکن فی الوقت خالی نظر آتی ہے۔نشست کے آگے ایک چھوٹی سی تکونی چوکی پر چاندی کا ایک پیچوان جھلملا رہا ہے جسے بہت ہی پُرتکلف اہتمام اور قرینے سے سجایا گیا ہے اطراف میں چند مرصع کرسیاں ہیں جو مقربینِ خاص کے لیے مخصوص ہیں۔مشاعرے کے آغازِ کارروائی کے بعد رفتہ رفتہ کچھ گنے چُنے مخصوص مدعو مہمانِ گرامی تشریف لاتے ہیں اور ان خالی کرسیوں پر براجمان ہو جاتے ہیں۔عاشقین

مِشاعرہ کا شور اِضطراب بتدریج بڑھنے لگتا ہے اور ہال میں دیکھتے ہی دیکھتے ایک مچھلی بازار کا سا سماں بندھ جاتا ہے۔تمام حاظرین جلسہ اپنے محبوب شاعر غالبؔ کو دیکھنے اور سننے کے لیے صبر وضبط کی تمام حدیں توڑنے پر آمادہ نظر آتے ہیں چنانچہ کچھ ہی دیر بعد اشتیاق دِید کی شدت نعروں کی شکل اختیار کر لیتی ہے:۔

"WE WANT GHALIB WE WANT GHALIB"

کے نعروں سے سارا ہال گونجنے لگتا ہے۔اس سے پہلے کہ مجمع وحشتِ دید میں آپے سے باہر ہو جائے اور ہال کے سرکاری منتظمین کے لیے تحفظ ایک مخدوش صورتِ حال اختیار کر لے کہ اتنے میں ایک صاحب شیروانی میں ملبوس کھچڑی سے بالوں پر دو پلہ ٹوپی دھرے،سنہری فریم کی عینک ناک پہ لٹکائے بدحواسی کے عالم میں بیچ اسٹیج پر ہانپتے کانپتے نمودار ہوتے ہیں اور بے ہنگم انداز سے اپنا لٹکتا ہوا ازار بند پائجامے کے اندر اُرستے ہوئے مائیک تھام کر ہال کے افرادِ بلوہ سے مخاطب ہونے کی کوشش فرماتے ہیں۔ان کی آواز ناک کے نتھنوں سے قدرے دبی دبی پھکنی کی سیٹی کی طرح حلق سے باہر نکلنے کی کوشش میں بے تاب ہے۔آپ کا اسم گرامی عاقل ہے جو متخلص بہ چھیدیؔ ہیں اور اسی نام سے مشاعروں میں موصوف ،جو شیطان کی طرح جانے پہچانے جاتے ہیں، جیسے ہی مائیک پر مجمع سے مخاطب ہونا چاہتے ہیں کہ نیفے میں اٹکا ہوا ازار بند سرکتا سرکتا دھیرے دھیرے آگے نکل کر باہر جھولنے لگتا ہے تو ہال کا شور معاً بلند قہقہوں میں تبدیل ہو جاتا ہے۔اس سے قبل کہ پائیجامہ ازار بند کی گرفت سے خود مختار ہو جائے،سوراخ چھیدی ایک ہاتھ سے پائے جامہ پکڑے اور دوسرے ہاتھ سے مائیک تھامے ناظرین سے منت سماجت کرتے ہوئے مخاطب ہوتے ہیں حضرات ،حضرات ! دیکھیے دیکھیے،میں آپ سے گزارش کروں گا کہ آپ دھینگا مشتی نہ فرمائیں ۔یہ اکھاڑہ نہیں بل کہ عاشقانِ اردو کا ایک نہایت ہی مہذب مشاعرہ ہے، جی ہاں مہذب۔نہیں سمجھے یعنی well organised یہ کہہ کر جیسے ہی اپنا ازار بند پائجامے کے اندر گھسیڑنے کی تگ و دو کرتے ہیں کہ ہال میں سے ایک نوجوان ٹوکتا ہے مہاشے! آپ کس کھیت کی مولی ہیں؟ چھیدی بھنّا کر وضاحت پیش کرنے لگتے ہیں ۔۔ ہیں ! مولی! میاں برخوردار! آپ ان پڑھ گنوار دہقانی ہل جوتنے والے لگتے ہیں؟ آپ نہیں جانتے میں مولی نہیں چھیدیؔ ہوں عاقل سوراخ چھیدی، جی ہاں چھیدیؔ: آج کے مشاعرے کا ناظمِ اعلیٰ بل کہ یوں کہیے کہ لندن کے سب ہی مشاعروں کی نظامت کا ہول سیل ٹھیکے دار ناظم ۔ہوں ۔اس طرح گُھڑ کتے ہوئے اپنے ازار بند کی گرفت کو جیسے ہی مظبوط کرنے کی ادھیڑ بن کرتے ہیں کہ ہال سے پھر غالب ،غالب کا شور بلند ہوتا ہے ۔چھیدی کے چہرے پر مارے گھبراہٹ کے اس وقت ہوائیاں اُڑنے لگتی ہیں بمشکل تمام اپنے ازار بند کی گرفت درست کرتے ہیں اور جیب سے آئی فون نکال کر ایک نمبر ملاتے ہیں اور فون کو گال سے چپکا لیتے ہیں ۔ ہال کا شور بتدریج بلند ہے، کچھ لمحوں بعد چھیدی اُچک کر مائیک پکڑ کر فاتحانہ انداز سے فون پر نظریں جما کر زور زور سے اعلان کرتے ہیں: ۔حضرات حضرات، دیکھیے دیکھیے، صبر کا میٹھا پھل آخر کار مل ہی گیا یعنی مرزا اسداللہ خاں غالبؔ صاحب ایرانڈیا کے ذریعے ہندوستان یاترا سے لوٹ کر، امیگریشن سے باہر نکل آئے ہیں اور ہزار بندشوں سے سرخرو ہوتے ہوئے ہمارے درمیان بس آناً فاناً میں پہونچنا ہی چاہتے ہیں ۔اسی اثنا ثریا کی گائی ہوئی دھن پر غالب کی مشہور غزل کا یہ ایک شعر: ۔

ہم ہیں مشتاق اور وہ بیزار ۔ یاالہیٰ یہ ماجرا کیا ہے

پس منظر سے سنائی دیتا ہے جو ناظرین مشاعرہ کی آتش انتظار پر تیل کا کام کرتا ہے ۔جنابِ سوراخ کے ہوش وحواس اب خدا خدا کر کے قدرے مجتمع ہونے لگے تو قبلہ پان کی پیک آلودہ بتیسی کو بے ہنگم طور سے واکیے مائیک پر حاضرین سے ان کے صبر وتحمل کا شکریہ ادا کرتے ہیں اور راو رغالب کی بھارت یاترا کی روداد بیان کرتے ہوئے آب دیدہ

ہو جاتے ہیں ہیں ُ دراصل غالب صاحب کو جنت سے بلانا اور یہاں لا نا حضرات، آپ کو معلوم ہے کس قدر بلائے جان تھا۔ایک تو ہوم آفس کم بختی ماروں نے بڑی ہی مشکل سے اجازت دی، دوسرے ایف بی آئی وغیرہ سے clearance کا ملنا قیامت! ان سسروں کو مرزا صاحب کے حُلیے پر شک تھا کہ وہ اُسامہ بن لادن کے جائز سوتیلے بھائی ہیں۔لا حولَ! اب ہندوستان پہنچے تو ایک عجب عذابِ کشت وخون سے گذرے، لاکھ منت سماجت کی کہ گجرات نہ جائیں مگر مجال تھی کہ مرزا مانتے۔سو بمشکل تمام گوپی چند اور گیان چند جین جیسے ٹھیکیداران ِاردو زبان وادب کے سرکاری توسط اور اثر ورسوخ سے بہر حال ولیؔ دکنی کے مزار کے نزدیک والی گلی تک کسی طور پہونچ ہی گئے۔اب مرزا آگے آگے اور بلوائیوں کا ہجوم پیچھے پیچھے وہ تو خدا بھلا کرے اپنے لرزہ براندام پرائم منسٹر مہا کوی باجپائی شریمان کا، اُنھوں نے مہتاب کے سہراب مودی والے پارسی بابا کی غالب فلم دیکھ رکھی تھی، ثریا کے عاشق زار تھے طرہ اس پر یہ کہ وہ ایک کوی بھی تھے اور کنوارے پرائم منسٹر بھی، آخر کار انھوں نے حضرتِ نوشہ کو پرزے پرزے ہونے سے بچا ہی لیا۔ہائے بے چارے مرزا اپنی ہی سرزمین پر، اپنی ہی زبان بولنے سے اجنبی اور دہشت پسند ٹھہرائے گئے۔میرے خیال میں سورگ باشی مہاشے کالیداس رضاؔ نے بھی عمداً یا پھر غیر عمداً وہاں پرلوک میں ہندوستان کی مخدوش اور متعصب موجودہ صورتِ حال سے صحیح باخبر نہیں کیا۔خیر، ہم لندن والے خوش قسمت ہیں کہ صبر وشکیب کا دامن پکڑ کر گرانٹ حاصل کرنے کی تگ ودو میں کامیاب ہو ہی گئے اور مرزا کو یہاں گوروں کے ملک میں کھینچ تان کر لے ہی آئے۔اب چھیدی جیسے ہی اپنے آخری جملے پر سانس لینے کے لیے رُکے تو مارے خوشی کے ان کے دانتوں کی بتیسی ایک شکستہ بوسیدہ کھڑکی کی طرح چوپٹ کھلی کی کھلی رہ گئی ،اور سامعین فرطِ مسرت سے ’غالب کھپے‘ کا شور بلند کرنے لگے۔کچھ ہی لمحے گزرے ہوں گے کہ وسط اسٹیج پر تیز روشنی کا ایک ہالہ سا اجاگر ہوتا ہے جس میں غالب

بڑے طمطراق سے کسی اونچائی سے اترتے ہوئے دکھائی دیتے ہیں۔ اشتیاق دید کا یہ عالم ہے کہ ہال میں بیٹھے سب ہی تماش بین بے قابو ہو کر کھڑے ہو جاتے ہیں اب صورتِ حال یہ ہے کہ ہال میں ادھر زور زور سے 'اوئے غالب جیئے بھئی جیئے غالب جیئے غالب' کے نعرے بلند ہیں اور ادھر اسٹیج کے عقب سے موسیقی کی لہروں پر غالبؔ کے اِن چند چنیدہ اشعار کا خوش گوار ترنم غالبؔ کی پزیرائی کی فضا ہموار کر رہا ہے۔

یہ کس بہشت شمائل کی آمد آمد ہے ۔ کہ غیرِ جلوۂ گل رہگذر میں خاک نہیں

جس بزم میں تُو ناز سے گفتار میں آوے ۔ جاں کالبدِ صورتِ دیوار میں آوے

سائے کی طرح ساتھ پھریں سرو صنوبر ۔ تُو اس قدِ دلکش سے جو گلزار میں آوے

وہ آویں گے مرے گھر، وعدہ کیا، دیکھنا غالب
نئے فتنوں میں اب چرخِ کہن کی آزمایش ہے

ہال میں اس وقت بیٹھے سبھی لوگوں پر ایک گونہ سکوت سا طاری ہے جو حیرت و اشتیاق سے بھرپور مرزا کی شان میں اشعارِ پزیرائی سے لطف اندوز ہونے میں محو ہیں کہ اسی لمحے ایک حسین رقاصہ روشنی کے رواں دائرے میں غالب کے اطراف رقص کرتی ہوئی جلوہ گر ہوتی ہے جب حضرتِ غالب بیچ اسٹیج پر تشریف لاتے ہیں تو رقاصہ کورنش بجاتے ہوئے چھم چھم کرتی ان کا خیر مقدم کرتی ہے اور یوں حضرت غالب کے دل میں ان کی محبوب کوٹھے والی ڈومنی کی پرانی یاد جگا کر اسٹیج کے عقبی پردوں کے پیچھے اوجھل ہو جاتی ہے۔ اس منظر کو دیکھتے ہی ہال کے ہر کونے سے 'غالب مہاکوی کی جے، شاعرِ اعظم غالب زندہ باد' کی بے پناہ چیخ پکار سنائی دیتی ہے چھیدی اس درمیان دوڑتے ہوئے مائیک کے سامنے آتے ہیں اور بصد التجا لوگوں کو خاموش رہنے کی تلقین کرتے ہیں، ''دیکھیے دیکھیے، خواتین و حضرات! بھائیو بہنو! پلیز پلیز، مجھے آپ کے والہانہ خیر مقدم کے جذبات کا اندازہ ہے لیکن، پلیز خاموش سائیلنٹ سائیلنٹ۔ شور بتدریج تھمنے لگتا ہے اور مجمع سنبھل کر اپنی اپنی

نشستوں پر دراز ہو جاتا ہے۔ غالب لندن میں خلقت کے اس بے مہار جم غفیر کی عجیب القماش پذیرائی سے کبھی مسکراتے ہیں اور کبھی حیرت سے مخبوط الحواس ہو جاتے ہیں اور سوچنے لگتے ہیں، 'کاش! بہادر شاہ ظفر کے دربار میں بھی وہ اسی طرح مصاحبین شاہ کے خیر مقدم سے نوازے جاتے!' شائقین کا شورِ پزیرائی ہے کہ بدستور جاری و ساری ہے ۔چھیدی صاحب اسی اثنا مائیک پر اپنی تھوک بھری سیٹی نما آواز سے عوام کو چپ کرانے میں آخر کار بڑی حد تک کامیاب ہو جاتے ہیں اور پھر قدرے توقف کے بعد نظامت کے فرائض انجام دینے لگتے ہیں، 'خواتین و حضرات! یہ ہیں عزت مآب، آفاقِ سخن کے مہرِ عالم تاب یعنی آپ کوئیوں کے مائی باپ، قبلہ نوشہ مرزا اسداللہ خاں غالبؔ'۔ سارا ہال تالیوں سے گونج اُٹھتا ہے۔ اس سے قبل کہ تالیوں کا شور جاری رہے کہ چھیدی بہ مشکل تمام تالیوں کو بصد منت و سماجت بند کرانے میں کامیاب ہو جاتے ہیں اور غالب کے ایک گھسے پٹے مشہور شعر سے آغازِ مشاعرہ کی کوشش میں جٹ جاتے ہیں۔

وہ آئے گھر میں ہمارے خدا کی قدرت ہے
کبھی ہم ان کو کبھی ہم اپنے گھر کو دیکھتے ہیں

مرزا صاحب جو اس وقت حیرت و انبساط کے جذبات سے سرشار تھے، گردن کی ایک خفیف جنبش سے اس طرفہ پزیرائی کا شکریہ ادا کرتے ہیں۔ عاشقانِ غالبؔ کو بہر حال قرار آجاتا ہے جو اب ہمہ تن گوش ہو کر غیر متحرک نظر آتے ہیں ناظمِ مشاعرہ حضرتِ غالبؔ سے مودبانہ گذارش کرتے ہیں 'مرزا صاحب! مرزا صاحب! یہاں تشریف رکھیے، اور مشاعرے کی مرجع کرسی صدارت پر مقعد افروز ہو کر بصد طمانیت ہمیں ممنون فرمائیے۔' مرزا کی طبیعت 'افروز' کے اس لاحقے کو سن کر قدرے منقبض ہو جاتی ہے لیکن لوگوں کے والہانہ خراجِ تحسین وعقیدت سے ان کی باچھیں بہر چند کھِل جاتی ہے۔ 'بھئی اس قدر قدر افزائی تو ہمیں بہادر شاہ ظفر کے ہاں بھی نہیں نصیب ہوئی، وہاں ۔' 'جی ہاں بجا فرمایا'۔ چھیدی فوراً بات کاٹتے

ہیں اور لاحول بھیجتے ہوئے گوش گذار کرتے ہیں، 'قبلہ آخ تھو کیجیے ۔کہاں آپ اور کہاں ذوقؔ؟ بقول آپ کے 'بنا ہے شہ کا مصاحب پھرے ہے اتراتا' افسوس تو بس آج اس کا ہے کہ حالیہ ہندوستان کے سفر میں جنابِ والا کو سخت مصیبت کا سامنا کرنا پڑا مصیبت کا ذکر سننا تھا کہ مرزا کو آشوب غدر کی مصیبت یاد آجاتی ہے ۔فرماتے ہیں ۔مصیبت ؛۔

گر مصیبت تھی تو غربت میں اُٹھا لیتے اسدؔ
میری دہلی ہی میں ہونی تھی یہ خواری ہائے ہائے

سچ تو یہ ہے صاحب، جو آگے غدر میں حال دیکھا تھا بعینیہٖ وہی خون خرابہ ان آنکھوں کو اب کے بھی دیکھنا پڑا ۔معاً یاد آیا؛

گھر سے بازار میں نکلتے ہوئے ۔زہرہ ہوتا ہے آب انساں کا
چوک جس کو کہیں وہ مقتل ہے ۔ گھر بنا ہے نمونہ زنداں کا
شہرِ دہلی کا ذرہ ذرہِ خاک ۔ تشنۂ خوں ہے ہر مسلماں کا

یہ سنتے ہی چھیدی سے رہا نہیں گیا بات کاٹتے ہوئے مرزا کو بہر طور مطمئین کرنے کی کوشش کی، 'لیکن ،حضور! فرنگیوں کے اس ملک میں آپ کو کوئی خطرہ نہیں، اِن کے ایک انگریز باگڑ بلے نے تو آپ کے دیوان کا ترجمہ بھی انگریزی میں کر رکھا ہے ۔اور تو اور یونیورسٹی لندن کی جانب سے آپ کی خدمت میں ایک اعزازی سند بھی پیش کی جانے والی ہے ۔ناظرین کو اشارے سے پھر اپنا ہم نوا بناتے ہوئے گلا پھاڑ کر ارشاد فرماتے ہیں، ہم یہاں سب ہی غالب کے طرف دار ہیں ۔کیوں؟ ہیں نا؟ پھر کیا تھا سارا مجمع اپنی بھرپُور تالیوں سے چھیدی کی ہاں میں ہاں ملاتا ہے ۔غالبؔ پر اس وقت ایک عجب عالم سرخوشی طاری ہے ۔ناظرین سے مخاطب ہو کر فرماتے ہیں، اس عالم خاک کی زندگی میں تو بھیؔ ان فرنگیوں نے ہمیں کچھ نہیں دیا، پنشن سے بھی محروم رکھا اور اب:۔

ہائے! 'اس زود پشیماں کا پشیماں ہونا'

چھیدی اس موقعے پر اپنا مشورہ دینے سے باز نہیں آتے فوراً مخل ہوتے ہیں، لیکن، آپ ہی کے بقول قبلہ۔ مفت ہاتھ آئے تو مال اچھا ہے'

غالب اس پر مصلحتاً اپنی کسرِ نفسی کا اظہار کرتے ہیں، 'ہمیں تو اب: نہ ستایش کی تمنا، نہ صلے کی پرواہ۔ چھیدی جب دیکھتے ہیں کہ حاضرین جلسہ اس طرزِ گفتگو سے قدرے بوریت محسوس کرنے لگے ہیں تو فوراً حورانِ خلد کے دل چسپ موضوعِ پر غالبؔ کی توجہ مبذول کراتے ہیں؛ 'خواتین وحضرات! میں اب اسد اللہ خاں غالبؔ صاحب سے بصد ادب التماس کروں گا کہ وہ چٹخاروں کے ساتھ جنت کی حوروں کے کچھ مزے دار قصوں سے آپ کے منھ سے رال ٹپکائیں۔ یہ سنتے ہی سارا ہال بے تحاشہ تالیوں سے گونج اُٹھتا ہے۔ لوگ غالبؔ اور چھیدی کے باہمی مکالمات سے بے انتہا لطف اُٹھاتے ہیں۔

لیکن ہمارے غالبؔ ایک آہ بھر کر ارشاد فرماتے ہے۔ 'حورانِ خلد میں تیری صورت مگر ملے۔ ویسے بھی صاب!

ایسی جنت کا کیا کرے کوئی۔۔ جس میں لاکھوں برس کی حوریں ہوں

چھیدی، ''اگر حوروں سے کچھ معاملہ نہیں بنتا تو پھر، پری زادوں سے ہی کچھ انتقام کا ذکر فرما دیجیے۔''

غالبؔ: ''اِن پری زادوں سے لیں گے خلد میں ہم انتقام
قدرتِ حق سے یہی حوریں اگر واں ہوگئیں''

چھیدی بھی بات سے بات نکالنے میں کچھ کم نہ تھے۔ کہنے لگے، ''اچھا تو لگے ہاتھوں پھر جنت کی حقیقت کا بھی پول کھول دیجیے، قبلہ۔

غالبؔ قدرے دل گرفتہ ہو کر گویا ہوتے ہیں، ''

ہم کو معلوم ہے جنت کی حقیقت لیکن
دل کے خوش کرنے کو غالبؔ یہ خیال اچھا ہے

بس اس سے تو یہی مناسب ہے کہ؛ دوزخ میں کوئی ڈال دو لے کے بہشت کو۔صاحب! حوریں تو واقعی اس خطۂ ارض میں دیکھی ہیں جسے آپ دیارِ فرنگ کہتے ہیں۔ غالبؔ پھر پُر امید لہجے میں ارشاد فرماتے ہیں؛ دیکھیے پاتے ہیں عشاق بتوں سے کیا فیض؟

چھیدی غالبؔ کی اسی دکھتی رگ پر ہاتھ رکھتے ہوئے موقعے کا فائدہ اُٹھا کر پوچھ بیٹھتے ہیں:۔قبلہ آپ کو کلکتہ میں بھی تو فرنگنوں کو دیکھنے کا سنہرا موقعہ ملا تھا؟ وہاں بھی تو یہی حوریں ہونگیں؟ تو پھر۔کوئی معاملہ،کوئی خیزش،کوئی حرکت؟

غالب، (کفِ افسوس ملتے ہوئے)

کلکتے کا جو ذکر کیا تو نے ہم نشیں اک تیر میرے سینے پہ مارا کہ ہائے ہائے

وہ سبزہ زار ہائے مطرا کہ ہے غضب وہ نازنین بت آرا کہ ہائے ہائے

وہ میوہ ہائے تازہ وشیریں کہ واہ واہ وہ بادہ ہائے نابِ گوارا کہ ہائے ہائے

حاضرین حوروں کے اس دل چسپ ذکر پر اس انداز سے تالیاں بجاتے ہیں کہ جیسے اپنی سخن فہمی کی خود داد دے رہے ہوں۔غالبؔ جو دراصل ان تالیوں اور اس بے ہنگم شورِ پذیرائی کے قطعاً عادی نہیں تھے،قدرے ہونق سے لگنے لگتے ہیں۔چھیدی معاملے کی نزاکت کو تاڑ لیتا ہے اور فوراً ہائے ہائے کہتا ہوا حاظرین جلسہ سے مائیک پر مخاطب ہوتا ہے۔خواتین وحضرات! پُرشو اور مہیلاؤ،اب آج کا کوی دربار یعنی شاعروں کا جمعہ بازار یعنی شاعروں کا اکھاڑہ نما دربار یا سب ملا کر یوں کہیے کہ آج کا مشاعرہ شروع ہونے والا ہے۔مشاعرہ کا نام سنتے ہی تمام لوگ اپنی اپنی نشستوں پر خوشی سے اچھلنے لگتے ہیں۔ چھیدی بہ مشکل تمام لوگوں کو خاموش کر پاتے ہیں اور مشاعرے کی کاروائی کا آغاز کرتے ہوئے غالبؔ صاحب کے گوش گذار کرتے ہیں کہ قبلہ آپ کے مقام ومرتبے کا احترام ملحوظ رکھتے ہوئے ہم نے برطانیہ کے ٹٹ پنجیے شاعروں کو یہاں مشاعرے میں شریک نہیں

ہونے دیا ہے۔ چنانچہ وہ سب کے سب متشاعر سُسرے باہر پکٹنگ اور ہُلڑ بازی میں لگے ہوئے ہیں۔ یوں کہیے کہ آج کے مشاعرے میں آپ کے مقابل یعنی آپ سے مقابلے میں یا یوں کہیے کہ آپ کے شعری فن و ہنر کا مقابلہ کرنے کے لیے کلھم چند ہی مگر ڈھانسو قسم کے مقامی شاعروں کو مدعو کیا ہے۔ وہ دیکھیے۔ ان شاعروں کو جو اپنے اشعار کے ہتھیاروں سے لیس کس شان سے اسٹیج پر چڑھنے کی کوشش میں مبتلا ہیں۔

غالب پریشان ہو کر فرماتے ہیں' ارے صاحب!

رکھ فکرِ سخن میں تو معذور مجھے غالبؔ

اس سے قبل کہ ہال کی فضا پھر تالیوں کے شور وغل سے غالب کے لیے بوجھل ہو جائے چھیدی مائیک پر بڑی گرم جوشی اور طمطراق سے شاعروں کا تعارف کرانے لگتے ہیں 'حضرات، یہ ہیں، ہمارے آج کے مشاعرے میں شریک ہونے والے شاعر، شریمان موہن ۔حلوہ پوری۔ موہن حلوہ پوری اپنا نام سنتے ہی فوراً بیچ اسٹیج پر'' تھا تھیا'' کا راگ الاپتے ہوئے نرتیہ کے کچھ بھاؤ بتاتے ہیں اور غالب کے روبرو آ کر ہاتھ جوڑ کر فرماتے ہیں 'ڈنڈوت کویوں کے مائی باپ، وشو کے مہاکوی مہاراج، ڈنڈوت سوئی کار کر کے ہمیں پرسن کیجیے۔ اس سے قبل کہ غالب یہ پوچھیں کہ یہ کس قماش کی زبان میں گفتگو ہو رہی ہے، چھیدی مشاعرے کے دیگر شعرا سے متعارف کرانے لگ جاتے ہیں۔ 'اور آپ ہیں آج کی شام کے ہمارے دوسرے تگڑے مستنڈے شاعر مسٹر مستانہ بمبوی بیوڑہ باز جو ابھی ابھی حال ہی میں غیر جعلی برطانوی شہری ہونے کا قانونی شرف حاصل کر چکے ہیں'۔ ہال میں بیٹھے سب ہی بوڑھے جوان مرد عورتیں نہایت ہی اشتیاق سے شاعروں کی شان میں سیٹیوں اور تالیوں کا بے دریغ استعمال کرتے ہیں۔ بیچارے غالبؔ کی حالت یہ سب کچھ دیکھ کر غیر سی ہو جاتی ہے کہ اتنے میں شاعر مستانہ بمبوی غالبؔ سے ہم کلام ہونے کی جرأت کرتا ہے۔ 'گالب صاب، آج ہی فجر کو یوٹیوب پر آپ کی فلم دیکھی۔ ماں کسم آپ نے کیا کام

کیسے لا ہے' چھیدی فوراً مستانہ کو ٹوکتے ہوئے وضاحت کرتے ہیں 'بھائی مستانہ ! وہ نصیرا لدین شاہ تو نقلی غالب تھا۔ یہ غالبؔ اپنے اصلی غالبؔ ہیں ۔مستانہ یہ سن کر اپنی حیرت کا اظہار کرتا ہے 'لیکن سالی داڑھی تو بل کل ایسی ہیج تھی ۔'

''ارے وہ تو میک اپ تھا بھئی'' یہ کہتے ہوئے چھیدی مستانہ کو اپنی نشست پر بیٹھنے کی تنبیہ کرنا ہی چاہتے تھے کہ ایک خاتون جو اپنی جوانی کی گٹھری بمشکل تمام سنبھالے، رنگ و غازے سے سجی دھجی، جھمکے چوڑیوں اور پازیب سے جھلملاتی ،غرارہ قمیص میں لہراتی بل کھاتی نمودار ہوتی ہیں اور غالبؔ کو جھک کر آداب بجا لاتی ہیں۔ چھیدی نہایت ہی پُر تپاک انداز سے خیر مقدم کرتے ہیں، سارا ہال پھر سیٹیوں سے گونج اٹھتا ہے، غالب بھی حیران و ششدر محوِ نظارہ ہیں ،مستانہ بمبوی ،موہن حلوہ پوری اور دیگر شعرا بھی اپنی نشستوں سے آنکھیں پھاڑے اٹھ کر کھڑے ہو جاتے ہیں بعد بصد عشوہَ و انداز بالآخر جب خاتون ایک مرصع کرسی پر تشریف فرما ہوتی ہیں تو ناظمِ مشاعرہ چھیدی مرزا سے ان کا باقاعدہ تعارف کراتے ہیں، 'ہاں تو حضرات اب جگر تھام کر بیٹھیے پھر غالبؔ سے مخاطب ہوتے ہوئے ۔'قبلہ! یہ ہیں ؛ ہم سبھوں کی پسندیدہ، جہاں دیدہ گھاٹ گھاٹ کا پانی چشیدہ یعنی ہماری آپ کی گوہر دانہ ۔کونسا دانہ؟ آپ کان میں تیل ڈالا کیجیے پلیز گوہر دانہ۔ ہاں تو میں عرض کر رہا تھا کہ یہی اِن خاتون کا تخلص ہے اور یہی اِن کا نام ۔گویا کہ یہ شجر اردو کا ایک پکا پکایا پھل ہیں ۔سارا ہال گوہر دانہ زندہ باد کے شور سے گونجنے لگتا ہے ۔ناظمِ مشاعرہ کے منہ سے موصوفہ اپنی اتنی ڈھیر ساری تعریفیں سن کر شرماتی لجاتی جھک جھک کے بار بار شکریہ ادا کرتی ہیں اور پھر قریب آ کر غالبؔ سے ان کی خیر و عافیت معلوم کرتے ہوئے استفسار کرتی ہیں، 'بتائیے نا مجھے کب سننے کا موقعہ عنایت فرمائیں گے؟ غالبؔ پر اس وقت عجیب عالم طاری ہے ۔نہ جانے کیوں ان کی طبیعت پر اس وقت جنتِ نگاہ اور فردوسِ گوش کا یہ خزاں رسیدہ منظر سخت گراں گذر رہا ہے، فرماتے ہیں :۔

پوچھا تھا گرچہ یار نے احوالِ دل مگر   کس کو دماغِ منتِ گفت وشنود تھا

چھیدی مرزا کے چہرے کا یہ رنگ دیکھتے ہی مرزا کے قریب جاتے ہیں اور سرگوشی کے انداز میں محترمہ گوہر دانہ کی جانب اشارہ کرتے ہوئے وضاحت پیش کرنے لگتے ہیں کہ قبلہ یہ خاتون آپ کی شاعری کے عشق میں مبتلا ہیں یہ آپ کی، لاکھوں میں ایک خاص قدردان ہیں۔ بس ان کی ایک یہی تمنا ہے کہ گوشۂ عزلت میں آپ کو اپنی مترنم دلگداز آواز سے۔۔۔

گوہر دانہ چھیدی کی اس سرگوشی کو تاڑ جاتی ہیں اور چھیدی کی گفتگو کے درمیان نہایت ہی ناز و ادا سے حضرتِ غالب سے لب کُشا ہونے کی کوشش کرتی ہے، 'بے ادبی کی مرزا نوشہ معذرت! بتائیے نا، آپ مجھ ناچیز سے تنہائی میں غزلیں سننے کا موقعہ کب۔۔۔۔

اس سے قبل کہ وہ اپنے مدعا کے اصرار کا سلسلہ جاری رکھیں چھیدی رازدارانہ انداز سے ان کے کان میں کچھ انکشاف کرتے ہیں جس کو سنتے ہی وہ مسکراتے ہوئے اطمینان کا سانس لیتی ہیں۔

غالبؔ: 'حیراں ہوں کہ ان آنکھوں سے کیا کیا دیکھوں

'آپ مت دیکھیے ہم دکھاتے ہیں مرزا صاحب کہ آج کے یہ موڈرن شاعر آپ کو اپنی جدید شاعری کے ایسے ایسے کرتب دکھلائیں گے کہ آپ دیکھتے کے دیکھتے ہی دنگ رہ جائیں گے۔ ہماری اردو زبان اور شاعری نے قبلۂ عالم آپ کے بعد ایسی زبردست لمبی چوڑی چھلانگیں لگائی ہیں کہ۔۔۔

غالب: 'لیکن صاحب! بنتی نہیں ہے بات بادہ وساغر کہے بغیر

یہ سن کر چھیدی تجاہلِ عارفانہ برتتے ہوئے شاطرانہ انداز سے دریافت کر ہی بیٹھے ' لیکن جناب والا اب تو آپ شرابِ طہور کے رسیا ہو چکے ہونگے۔

غالب مسکراتے ہوئے جواب میں اپنا ہی مصرع دہراتے ہیں:۔

تجھے ہم ولی سمجھتے جو نہ بادہ خوار ہوتا

اصل میں لندن دعوت دینے سے قبل ہی چھیدی کو مرزا کی ان ضروریات کا بخوبی علم تھا چنانچہ انھوں نے مرزا کو دلاسا دلاتے ہوئے عرض کیا، 'سارا انتظام پیشگی ہی کر لیا گیا ہے مرزا صاحب ! آپ کے کوچۂ بلی ماران کا ٹھرا نہیں یہاں تو خالص ولائتی مال آپ کے لیے حاضر ہے۔

یہ سنتے ہی پھر مرزا سے رہا نہیں گیا نہایت فخر و مباہات سے اپنے جذبۂ مسرت کا اظہار کرنے لگے۔

: 'پھر دیکھیے اندازِ گل افشانی گفتار۔۔رکھ دے کوئی پیمانہ و ساغر مرے آگے

چھیدی، 'لیکن حضور آپ ہی نے فرمایا تھا کہ:۔

'اے تازہ واردانِ بساطِ ہوائے دل۔۔زنہار گر تمھیں ہوسِ ناؤ نوش ہے

غالب:'ہاں مگر چھیدی صاحب کیا کیا جائے؟'اس بلغمی مزاج کو حدت ہی راس ہے'اور پھر یہاں کی ٹھنڈ۔کچھ تو سامانِ راحت چاہیے

غالب: 'چھٹی شراب پر اب بھی کبھی کبھی پیتا ہوں روزِ ابر و شبِ ماہتاب میں

اسی دوران، حاضرین جلسہ میں سے ایک سندھی ادھیڑ عمر شخص ہال سے دوڑتا ہوا اسٹیج کے قریب آتا ہے جو غالب کے جوشِ محبت میں چیخ چیخ کے کہتا ہے 'پیئے بھئی غالب پیئے وہ بھٹو کی طرح دارو پیتا ہے وڑی خون تو نہیں پیتا' اور جیب سے ایک بوتل نکال کر غالب صاحب کی خدمت میں پیش کرنے کی کوشش کرتا ہے۔ ہال میں کچھ نوجوان بھی تھے وہ بھی سب کے سب دیکھتے ہی دیکھتے پینے پلانے کی تائید میں آوازیں بلند کرنے لگ گئے لیکن وہ تو اچھا ہوا کہ سکیورٹی گارڈز نے پکڑ کر اس شخص کو زبردستی بٹھا دیا ورنہ اسٹیج پر ایک انبوہ بادہ گساراں اُمڈ آتا۔ بے چارے غالب کو اپنی پذیرائی سے متعلق اس طرح کے طوفانِ بدتمیزی کا کوئی تجربہ نہیں تھا چنانچہ وہ یہ سب کچھ حیرت سے دیکھتے رہے لیکن اس سے قبل کہ صورتِ حال مزید بگڑتی چھیدی نے غالب صاحب سے اظہارِ معذرت کیا اور فوراً ما ئیک

پر آ کر با آواز بلند مشاعرے کی کارروائی شروع کر دی ’حضرات توجہ فرمائیے، غور سے سنیے، پلیز attention اب خاکسار سورج کے آگے چراغ جلانے والا ہے، (غصے سے آڈینس میں کسی کو ڈانٹتے ہوئے) جی نہیں مجھے ماچس کی ضرورت نہیں ۔چھیدی کے پائجامے کا ازار بند اس ہنگامے میں بھاگ دوڑ کے سبب اب اپنی گرفت سے باہر نکل آیا تھا ۔جب ہال میں بیٹھے کسی بندے نے چھیدی کی توجہ اس جانب مبذول کرائی تو چھیدی بھناّ اُٹھے اور آناً فاناً میں کھینچ کھانچ کر ازار بند کمر پر کس ہی لیا پھر مائیک پر آ کر اپنے زورِ نظامت سے لوگوں کو کسی طرح متوجہ کرنے میں کامیاب ہو گئے ۔حضرات ! توجہ سے سنیے ۔میں آج سورج کے آگے چراغ جلانے والا ہوں یعنی اردو زبان کے مایہ ناز فقید المثال نابغۂ روزگار شاعر مرزا غالبؔ کا ایک جامع اور مانع تعارف پیش کرنے کی جسارت کروں گا ۔آپ مرزا اسداللہ خاں غالبؔ قوم کے ترک سلجوقی، اسداللہ خان سے موسوم اور مرزا نوشہ سے متخلص، مولد اکبر آباد مدھیہ پردیشی لیکن بہ لحاظِ سکونت دہلوی اور ہماری ہے یہ خوش قسمتی کہ آپ عالم بالا سے اتر کر ہندوستان کا جان لیوا سفر طے کر کے ہماری دعوت پر اس مشاعرے میں بطور مہمانِ خصوصی تشریف لائے ہیں اور آج کے صدر اعلیٰ منتخب ہوئے ہیں ۔ناظرین با آوازِ بلند خراجِ تحسین پیش کرتے ہیں ۔لیکن حضرتِ غالبؔ پر ایک عجب عالم تحیر ہے جیسے ہی نعروں کا شور تھمتا ہے، چھیدی صاحب سے دریافت کرتے ہیں ’بھئی ہمیں محفل میں کہیں شمع نظر نہیں آ رہی ؟ صاحبو ! سب سے پہلے شمع حاضر کی جائے ۔یہ سن کر متانہ اظہارِ افسوس کے ساتھ وضاحت کرتا ہے، ’شمع ، گالب بھائی، اس نے تو ایک مدراسی سے شادی کر ڈالی اپنے کو سالی نے وہ جھانسہ دیا وہ جھانسہ دیا کہ ۔۔غالبؔ یہ سن کر برہمی سے کہتے ہیں، ’استغفراللہ، استغفراللہ ! یہ سنتے ہی چھیدی غالبؔ صاحب کو سمجھانے کی کوشش کرتے ہیں، ’حضور آپ سمجھے نہیں یہاں ہنڈریڈ کا بلب روشن ہے اور آپ ہیں کہ موم بتی شمع کے پیچھے پڑے ہوئے ہیں ۔غالب بہ مجبوراً تمام یہ کہہ کر

خاموش ہو جاتے ہیں ’افسوس، اک شمع رہ گئی ہے سو وہ بھی خموش ہے۔ مستانہ غالب کی شمع کا حال زار سن کر فخر سے کہتا ہے، ’غالب بھائی اپنی شمع تو کب سے چالو ہے۔ چھیدی مستانہ کو برہمی سے ٹوکتے ہیں اور غالبؔ سے بصد معذرت عرض کرتے ہیں ’مرزا صاحب، مستانہ کی خوش مذاقی کا برا مت منائیے گا۔ اچھا تو اب آپ کی اجازت سے مشاعرے کا آغاز کیا جاتا ہے۔ تو سب سے پہلے میں دعوتِ کلام دونگا مستانہ بمبوی کو۔ مستانہ، پیٹی کوٹ لین کا دیوانہ، سوہو (Soho) کا پروانہ، کبھی شیشہ کبھی افیم خانہ، غرض کہ ان کی شاعری میں فکر و خیال کا نیا شراب خانہ بدرجۂ اتم آپ کو ملے گا۔ اس پر سارا ہال بھرپور تالیوں سے مستانہ کا استقبال کرتا ہے غالبؔ جو تعارف کے ان کلمات سے بل کل بے بہرہ تھے، چپ سادھے سنتے رہتے ہیں۔ اس درمیان مستانہ نے مائیک پر اپنی جدید آزاد شاعری کے پینترے دکھاتے ہوئے جب یہ قطعہ لہک کے پڑھا تو سننے والے تڑپ اٹھے۔ لیکن غالبؔ صاحب تھے کہ اس قماش کی خرافات سے بے حد بددل سے ہو گئے۔ سامعین کے اصرار پر مستانہ نے جب اپنا یہ بے وزن قطعہ مکرر پڑھا تو سننے والوں نے سیٹیوں سے بے پناہ داد دی۔ قطعہ کچھ اس طرح تھا: ’جسے ڈھونڈتے تھے گلی گلی۔ وہ ملی بھی تو کہاں ملی، جو ملی اگر تو پلے ہاؤس پر، سالی بن داس کھڑے لی ملی‘ غالبؔ کی حالت غیر نا قابل دید تھی۔ چاہتے تھے کہ وہ کسی طور اس دنیا کو چھوڑ چھاڑ فوراً عالم بالا کی طرف لوٹ جائیں کہ اسی دوران چھیدی نے مائیک پر آ کر مشاعرے کے دوسرے شاعر کو متعارف کراتے ہوئے اس کی شاعرانہ عظمت کے گن گانا شروع کر دیے۔

’اب براجمان ہوتے ہیں ہماری آدھونک کاویہ رچناؤں کے سنگھاسن پر شریمان دھوتی پرشاد، موہن حلوہ پوری، جو آپ کے سامنے اپنے گیتوں کی ان گنت پھُل جھڑیاں چھوڑیں گے۔ مرزا نوشہ اسداللہ خاں غالبؔ ملاحظہ فرمائیے ہماری اردو شاعری نے آپ کے دقیانوسی روایاتی دور کے بعد بڑی نئی نئی قلابازیاں کھائی ہیں۔ آپ کی ساری کی ساری

فرسودہ روایات کا انھوں نے جنازہ بڑی دھوم دھام سے نکالا ہے یعنی یہ کہا جائے تو بے جا نہ ہوگا کہ ہمارے ان جدید شعرا نے اردو غزل کو ایک نیا جوبن اور ایک نرالا روپ عطا کیا ہے۔ بس یہ کہیے کہ آپ کی محبوب غزل کا سارا پرانا حلیہ ہی تنگ کر کے رکھ دیا ہے اب غزل کا ہر مصرع غالبؔ صاحب، چاہے کتنا ہی لمبا چوڑا چھوٹا بڑا ہو وزن میں باآسانی سما سکتا ہے اب آپ کی تنگ نائے غزل کا گلہ سب ہوا ہو گیا ہے جناب۔ حاضرینِ کرام! ہم سبھوں کے دھوتی پرشاد مہاشے کا تالیوں سے سواگت کیجیے۔ سارا ہال تالیوں سے گونج جاتا ہے اور موہن حلوہ پوری تا تا دھنا تا تا دھنا کرتے ہوئے مائیک کے سامنے آکر غالبؔ صاحب سے پڑھنے کی اجازت طلب کرتے ہیں غالبؔ جو مجبور و لاچار ٹک ٹک دیدم، دم نہ کشیدم کا ایک مرقع بنے ہوئے تھے سر کی ایک خفیف جنبش سے اجازت مرحمت فرماتے ہیں۔ اور جدید شاعری کی سماعت کے اس وحشت ناک تجربے سے دو چار ہوتے ہیں۔ لیکن لوگوں کا یہ حال تھا کہ مست و بے خود ہو کر موہن حلوہ پوری کے ہر شعر پر داد و ستایش کی بارش برسا رہے تھے۔ حلوہ پوری کی جدید شاعری اور ان کی بے ہودہ زبان سن کر غالبؔ کے لیے اب اور مزید اپنی طبیعت کو مکدر کرنا ناممکن تھا لہٰذا بے اختیار 'عافیت کنارہ کر، اے انتظام چل' کا ورد کرتے ہوئے اُٹھ کھڑے ہوئے۔ غالب اُٹھ کے جیسے ہی جانا چاہتے تھے کہ چھیدی دوڑتے ہوئے غالبؔ کے پاس جا کر دریافت کرتے ہیں 'قبلہ کہاں تشریف لے جا رہے ہیں؟ پھر ایک لمحے توقف کے بعد خود ہی فرماتے ہیں 'اچھا میں سمجھ گیا دیکھیے یہاں حوائج ضروری کے خاطر خواہ انتظامات ہیں۔ دراصل سرعتِ بول کے عارضے کی اس عمر میں۔ ہی ہی۔ آپ فکرمند نہ ہوں 'غالبؔ چھیدی کی بات سمجھنے سے قاصر تھے نہایت کسمپرسی کے لہجے میں ملتجی ہوئے 'اب ہم اجازت چاہیں گے یہاں پر اب ہمارے قیام کی مقررہ مہلت ختم ہوا چاہتی ہے چھیدی نے اطمنان دلایا تو بندہ پرور بس میں ابھی اسی وقت آپ کو زحمتِ کلام دینے کا اعلان کرتا ہوں۔ اگر آپ سنائے بغیر واپس

تشریف لے گئے تو یہاں ایک فساد، کشت وخون جیسی صورتِ حال پیدا ہونے کا خدشہ ہے۔اس لیے دست بستہ عرض کروں گا کہ اردو اور اردو شاعری کی لاج اس وقت آپ کے ہاتھ میں ہے۔ چھیدی، حضرتِ غالبؔ کو کرسیِ صدارت پر دوبارہ جلوہ افروز ہونے پر راضی کر لیتے ہیں اور مائیک پر مشاعرے کی غیر متوقع تاخیر پر معذرت خواہ ہوتے ہیں sorry for the unexpected delay 'ہوئی تاخیر تو کچھ باعثِ تاخیر بھی تھا' یعنی ابھی ابھی عالم بالا سے مرزا صاحب کو message ملا ہے کہ اس دنیا میں اب آپ کا ٹھہرنا ناممکن ہے یہاں پر آپ کے قیام کا پرمٹ expire ہوا چاہتا ہے چنانچہ مشاعرے کچھ بچے کچے شاعروں کو نظر انداز کرتے ہوئے مرزا نوشہ کو اب ہم سب سے پہلے زحمتِ کلام دیں گے۔ ہال میں تالیوں کا شور اس قدر برپا ہو جاتا ہے کہ کان پڑی آواز تک نہیں سنائی دیتی۔ چھیدی بہ مشکل تمام لوگوں کو چپ کراتے ہیں اور اپنے کمر بند کو پائے جامے کے نیفے میں کستے ہوئے نہایت فخر سے غالب صاحب کا تعریفی کلمات میں تعارف کرانے میں کوشاں ہو جاتے ہیں۔غالبؔ جو کہ اس وقت انتہائی مضطرب و پریشان تھے اب قدرے مطمئن ہیں کہ ان کی رہائی کی تدبیر آخر کار نکل ہی آئی۔ چھیدی اپنا سلسلۂ اعلان جاری رکھتے ہوئے حضرتِ غالبؔ کے سامنے مائیک لے جا کر پیش کرتے ہیں، حضرات! اب جگر تھام کے بیٹھیے۔لوگ یہ سن کر وفورِ شوق سے جیسے ہی کھڑے ہوتے ہیں، چھیدی اپنے لٹکتے کمر بند کو تھامے سارے مجمع پر زور سے برس پڑتے ہیں، ہیں؟ میں نے بیٹھنے کو کہا تھا اور آپ ہیں کہ کھڑے ہو گئے۔بیٹھ جائیے پلیز sit sit (واضح رہے چھیدی کی سیٹی آلود آواز سے sit کا تلفظ shit میں تبدل ہو چکا تھا) لوگ بہر حال جب کچھ دیر بعد اپنی اپنی سیٹوں پر بیٹھ گئے تو چھیدی نے پھر اپنے تعارفی کلمات کو اس طرح مکمل کیا۔
'بھائیو بہنو! مرزا کا کلام، جیسے خیالوں کا گھوڑا بے لگام، فکر کی تلوار بے نیام، اور فلسفے کا ہاتھی بے خرام تو لیجیے مائیک تھام۔

ہال میں بیٹھے لوگ، جو غالبؔ کا کلام بزبانِ غالب سننے کے لیے بے تاب و مضطرب ہیں، اپنی بھانت بھانت کی بولیوں اور حرکات سے غالب کی پزیرائی کرتے ہیں۔ غالبؔ اب حاضرین مشاعرہ سے مخاطب ہوتے ہیں۔ 'صاحبو کیوں کہ آج ہی شام ہمیں عالم بالا کی جانب واپس لوٹنا پڑے گا چنانچہ ناظمِ اعلیٰ کے حکم کی تعمیل کرتے ہوئے بس یہ چند اشعار آپ کی خدمت میں پیش ہیں۔ یہ سنتے ہی ہال ہپ ہپ ہُرّوں سے گونج اُٹھتا ہے۔ چھیدی ہاتھ جوڑ کر لوگوں کو خاموش کراتے ہیں اور حضرتِ غالب قہر درویش بجاں درویش کے مصداق اپنی غزل کا' یہ شعر پڑھ کر داد طلبی کے لیے توقف فرماتے ہیں۔

خط لکھیں گے گرچہ کچھ مطلب کچھ نہ ہو　　ہم تو عاشق ہیں تمھارے نام کے

بے چارے غالبؔ کو داد و تحسین کی بجائے ہال کے قہقہوں اور شاعروں کی بغیر سر پیر کی تنقید کا سامنا کرنا پڑتا ہے۔ اس صورتِ حال سے انتہائی پریشان ہو کر پوچھتے ہیں۔ 'صاحبو، نہ داد نہ تحسین بے موقع ہنسی کا مطلب؟ حاضرین جلسہ میں سے کسی نے جواب دیا 'ارے مہاشے جب مطلب ہی نہیں تو خط لکھنے سے مطلب؟ یہ سنتے ہی مستانہ نے بھی کفن پھاڑنے سے دریغ نہیں کیا 'اس کڑکی کے زمانے میں گالب بھائی کھالی پیلی اسٹامپ برباد کرنے کا کیا مطلب؟ اب سوراخ سے بھی نہیں رہا گیا وہ بھی غالبؔ کی اصلاح کرنے کی جسارت کر بیٹھے۔ 'معاف فرمائیے گا مرزا، اگر اس اعلیٰ و ارفع خیال کو اس طرح باندھا جائے۔ دیکھیے کچھ اس طرح :۔ خط لکھیں گے کیوں کہ مطلب ہے بہت۔ آسماں ہے مطلبی، گھرے بادل ہیں بہت۔ نامکمل سی ابھی برسات ہے۔ بھیگی چولی، سوکھے آنچل ہیں بہت۔۔۔ جیسے ہی سوراخ صاحب اپنے اس آخری مصرعے پر سانس لینے کے لیے رُکے، شریمان موہن حلوہ پوری فوراً ٹپک پڑے اور سوراخ کے خیال کو اس طرح آگے بڑھانے میں کوشاں ہو گئے۔'' اور اس مطلبی سنسار میں ہم۔ بے مطلبی جنمے گئے۔ (اور پھر غالبؔ کے قریب جا کر) 'پھر بھی اک مطلب ہے اب۔' سوراخ بھی حلوہ پوری کا ساتھ دیتے

ہوئے غالبؔ سے ارشاد فرماتے ہیں، ''اجی پوچھیے مطلب ہے کیا؟'غالبؔ کی شکستگی سراپا دیدنی تھی۔ چھیدی اور حلوہ پوری کو سر پر یوں سوار دیکھتے ہوئے لاچار و مجبور غالبؔ نے آخر پوچھ ہی لیا؛ کیا؟ بس پھر کیا تھا حلوہ پوری نے مٹکتے تھرکتے ہوئے ترنم سے لگاتار گانا شروع کر دیا

خط لکھیں گے گرچہ مطلب کچھ نہ ہو۔۔۔۔ہم تو عاشق ہیں تمھارے نام کے

اس کے بعد ہمارے غالبؔ کا جو حشر ان جدید شاعروں نے کیا وہ نہایت ہی افسوس ناک تھا۔ حاضرینِ جلسہ کورس میں واہ واہ کا راگ الاپنے لگے اور پھر رفتہ رفتہ تمام شعرائے کرام نے غالبؔ کے اس شعر پر بزمِ مشاعرہ کو رقص و نغمے کی محفل میں تبدیل کر دیا۔

غالبؔ کے لیے اردو مشاعرے کی یہ صورتِ ابتذال ناقابل برداشت ہو چکی تھی۔ ان میں اب اتنی سکت نہیں تھی کہ وہ کچھ کہہ سن سکیں۔ انھوں نے چنانچہ اسی میں عافیت سمجھی کہ وہ جس قدر جلد ممکن ہو راہ فرار اختیار کر لیں۔ اسی لمحے تیز روشنی کا ایک بیضوی ہالہ اونچائی سے اسٹیج پر اجاگر ہوتا ہے اور حضرتِ غالبؔ پل جھپکتے ہی نظروں سے اوجھل ہو جاتے ہیں اسی اثنا ہال کے باہر کھڑے چند مقامی شعرا جو مدعو نہ کیے جانے پر مبتلائے احتجاج تھے ان کا ایک احتجاجی ریلا شور شرابا کرتا ہوا تمام حفاظتی حد بندیاں توڑتا ہوا ہال کے اندر گھس آتا ہے۔ اور دیکھتے ہی دیکھتے منتظمین مشاعرہ اور احتجاجی شاعروں کے درمیان گالم گلوچ، ہاتھا پائی اور دھینگا مشتی کا غیر مہذب سلسلہ شروع ہو جاتا ہے بالآخر ہال کی سکیورٹی کا عملہ فوراً پولیس کو طلب کر لیتا ہے وہ تو اچھا ہوا کہ بے چارے غالبؔ رخت سفر باندھ کر عالم بالا کی سمت جلد کوچ کر گئے ورنہ اردو زبان و ادب کے دعوے داروں کے ہاتھوں وہ پرزے پرزے ہوتے کہ الامان والحفیظ۔

---

* میں نے ڈرامے کی اس اسکرپٹ کو حسبِ ضرورت مختلف عنوانوں سے طالبِ علمی کے زمانے میں اسٹیج کیا جو خاصا مقبول ہوا۔ سنہ ۶۰ء کی دہائی کے اواخر میں ترکِ وطن کے بعد میں برطانیہ منتقل ہو گیا اور

لندن میں مستقل سکونت اختیار کرلی ۔انھیں دنوں میری ملاقات اپنے ایک دیرینہ عزیز ساتھی مرحوم انور شریفی سے ہوئی جو ممبئی میں اسکول اور کالج کے دوران میرے ڈراموں میں کام کر چکے تھے انور ایسٹ لندن کی ایک ثقافتی تنظیم انڈین مسلم فیڈریشن کے سرگرم رکن تھے انھیں کے توسط سے دیگر ارکان سے ملنے کا موقعہ ملا جن کا تعلق بھی ممبئی سے نکلا ۔مرحوم شمس الدین آغا سے بھی وہیں پہلی مرتبہ انور شریفی کے ذریعے ملنا جلنا قائم ہوا لیکن بعد میں انکشاف ہوا کہ مرحوم آغا صاحب نے بھی ممبئی میں اسی کالج سے تعلیم حاصل کی ہے جس سے میں وابستہ تھا ہے اور سونے پہ سہاگہ یہ کہ ان کو بھی ڈرامے سے شغف تھا (اپنے اس شوق کا شاید انھیں ممبئی میں مظاہرہ کرنے کا موقعہ نہیں ملا یہی وجہ ہے کہ کالج کے دوران ان سے خاکسار کی شناسائی نہیں ہوسکی) لہٰذا اس طرح ڈرامے کا ایک گروپ خود بخود وجود میں آگیا اور میں نے فیڈریشن کے کلچرل پروگراموں کے لیے ڈرامے ڈائرکٹ کرنے کا سلسلہ شروع کردیا جن میں انور، آغا اور دیگر ارکین نے بڑے اشتیاق سے حصہ لیا ۔میرا ڈراما ’غالبؔ ان لندن‘ پہلی دفعہ انھیں دنوں والتھم اسٹو ہال میں انڈ ین مسلم فیڈریشن کی جانب سے اسٹیج کیا گیا جس کی کاسٹ میں انور کو ناظمِ مشاعرہ اور آغا کو سوہن حلوہ پوری کے رول کے لیے میں نے منتخب کیا ۔تو یہ تھی ٹائیٹل کے نام کی تبدیلی کے بعد لندن میں میری سابقہ تمثیلی تخلیق کی شانِ نمایش ۔میں نے اس کے بعد انڈو پاک آرٹسٹ کی ڈرامائی تنظیم کی جانب سے لندن کے مختلف مقامی ہال میں ’غالبؔ ان لندن‘ کی نہ صرف ریڈنگ کی بل کہ اس کے اسٹیج شوز بھی کیے ۔

دراصل برصغیر و پاک کے چند قلم کاروں نے مختلف پیرائے سے غالب کی اسی تھیم پر یعنی غالبؔ کے عالم بالا سے یہاں آنے یا بلائے جانے کے موضوع پر ڈرامے لکھے ہیں جن کی اسکرپٹ میں مختلف ڈرامائی واقعات اور مکالموں کی بنت سے موجودہ سماجی یا سیاسی زوال آمادہ حالات پر اپنے اپنے طور سے طنز و مزاح کی آمیزش کی ہے۔ اسکول کے ایام میں میری نظر سے پہلی بار اردو کے معروف رائٹر کنہیا لال کپور کی طنز و مزاح سے بھرپور ایک اسکرپٹ ’غالبؔ جدید شعرا کی محفل میں‘ نظر سے گزری جس نے مجھے اس قدر متاثر کیا کہ کالج اور یونیورسٹی کی طالب علمی کے دوران میں نے متاثر ہو کر اسی تھیم پر حسب ضرورت اپنے طور سے ایک نئی یک بابی تمثیل کی تخلیق کی اور مختلف موقعوں پر اسے اسٹیج کیا۔ مکرمی ظ انصاری صاحب نے بھی غالبؔ پر یک بابی ڈرامائی اسکرپٹ تحریر کی جس کو ممبئی کے مقامی تھیٹر ہال میں اسٹیج کیا گیا۔ برصغیر پاک میں بھی اس موضوع پر کچھ تجربے ہوئے لیکن ۱۹۴۷ کے کچھ برسوں بعد معین الدین صاحب کا اسی طرز پر لکھا ڈرامہ ’لال قلعہ سے بندر روڈ تک‘ کراچی میں اسٹیج ہوا اور عوام میں بے حد مقبول ہوا۔ (مرزا پارس ہنگولوی کا ’’غالب کا پیار‘‘ ۱۹۷۰ء میں ممبئی سے شائع ہوا تھا)

(میرے ناقص خیال میں میری غالب اِن لندن کی اسکرپٹ میں وسعت کی کافی گنجایش ہے۔ جس کو سوتر دھار یا قصہ گو کے ذریعے مونو ڈرامے کی نہج پر اسٹیج روشنی اور صدابندی کی تکنیکی لوازمات کے ساتھ پیش کیا جاسکتا ہے۔) ■■

غالب ان لندن تمثیل نگار اور ہدایت کار رفعت شمیم

جس میں مرحومین شمس الدین آغا اور انور شریف نے بالترتیب سوہن حلوہ پوری اور سوراخ چھیدی کے کردار انجام دیے۔ اس یک بابی مذاحیہ کو ۲۰ کی دہائی میں لندن کے مختلف مقامی کلچرل تنظیموں کی جانب سے پیش کیا گیا۔

آئینۂ حیات

(کوثر علی کے یک بابی ڈرامے)

(انجمن خواتین برطانیہ کی جانب سے ویمبلڈن میں محترمہ کوثر علی کی کتاب کی رونمائی ہوئی جس کی تقریب میں یہ تنقیدی مضمون پڑھا گیا)

میں شکر گزار ہوں محترمہ کوثر صاحبہ کا کہ جنھوں نے آئینۂ حیات کی تقریب کے سلسلے میں مجھ کو مہمانِ خصوصی کی حیثیت سے مدعو کیا شاید میرے لیے یہ پہلا موقعہ ہے کہ میں کسی ہم عصر ڈراما نگار کی تمثیلی تخلیق پر اظہارِ رائے کی جرأت کر رہا ہوں جرأت اس لیے کہ ایک ڈراما نگار کے لیے یہ بڑا دشوار ہوتا ہے کہ وہ کسی اور کے تحریر کردہ ڈراموں پر اسی کی موجودگی میں اپنا تنقیدی اور غیر معروضی جائزہ پیش کر سکے۔ یعنی اس کو یوں سمجھا جائے کہ آج جو جملہ ہائے معترضہ آپ کے منہ سے نکلنے والے ہیں تو اس بات کا شدید خدشہ ہے کہ کل کبھار وہی جملے آپ پر بھی چسپاں ہو جائیں یہی وجہ ہے کہ مجھے قدرے جرأت کا سہارا لینا پڑا۔ لیکن کوثر صاحبہ نے اس عقیدت سے مجھے اپنی کتاب سے نوازا اور اس فراخ دلی سے اظہارِ رائے کی دعوت دی کہ میں انکار نہیں کر سکا جب آئینہَ حیات کا میں نے ذہنی یکسوئی سے مطالعہ کیا تو بے ساختہ میرے جی میں آیا کہ مجھے کوئی ایسا موقعہ ہاتھ لگے جب میں کھل کر ان کی ہمت اور حوصلے کی داد دے سکوں وہ اس لیے کہ اردو ادب میں ڈرامہ ایک

ایسی راندۂ درگاہ صنف ہے کہ جس میں ہمارے بیشتر قلم کاروں نے بہت کم تخلیقی کام کیا ہے۔ دیکھا جائے تو اردو کے ڈرامے اپنے بتدائی مراحل سے گزر کر اب تک جو بھی معرضِ تحریر میں آئے ہیں ان میں برائے نام چند ہی ایسے ہیں جن کو کو دنیا کے عظیم ڈراموں کی فہرست میں شامل کیا جاسکتا ہے۔ یہاں یہ ممکن نہیں کی ان سب کا تفصیلی احاطہ کرسکوں تاہم آغا حشر کاشمیری، امتیاز علی تاج اور دیگر معروف ڈراما نگاروں کے علاوہ عصرِ جدید کے کچھ قلم کار جیسے حبیب تنویر، ازاہدہ زیدی ا،سا گر سرحدی وجاہت مرزا جاوید صدیقی اور ظہیر انور وغیرہ نے اردو ِتمثیل نگاری کے میدان میں بلا شبہ قابل قدر کام کیے ہیں۔ اردو ادیبوں کی اِس صنف سے بے اعتنائی کے کیا اسباب وعوامل ہیں یہ خیر ایک بحث طلب موضوع ہے اور فی الوقت موضوع ِبحث محترمہ کوثر علی اور اُن کے آئینہ حیات پر مرکوز ہے۔ آئینہ حیات، آٹھ یک بابی ڈراموں پر مشتمل کوثر علی کا شاید یہ پہلا تمثیلی مجموعہ ہے جس کے ابتدائی صفحات پر مصنفہ کے علاوہ کچھ قلم کاروں کے کے تعارفی اور تجزیاتی مضامین قلم بند ہیں۔ میں نے انھیں کی روشنی میں ڈراما نگار کوثر علی کے تعلیمی وتدریسی کوائف، ان کی ادبی زندگی کی تخلیقی سرگرمیوں اور ڈرامائی کرداروں کے معاشرتی انسلاک کا تجزیاتی محاسبہ کیا ہے۔ دراصل ان کے ڈراموں کے واقعاتی تسلسل میں جن ڈرامائی قدروں کو میں نے مشترک محسوس کیا وہ وابستہ ہیں دو تہذیبوں کے باہمی تصادم اور روایاتی معاشرے کی شکست وریخت سے جو انجام میں کرداروں کی نفسیاتی کشمکش کا باعث ثابت ہوتی ہیں۔ کوثر علی کا بڑی حد تک یہی سماجی شعور ہے جو کہانی کے عروج وزوال میں کارفرما نظر آتا ہے انھوں نے وطن سے دور رہ کر مغرب کی معاشرتی، نفسیاتی اور تعلیمی سطح پر جو کچھ دیکھا ہے، محسوس کیا ہے اور پرکھا ہے اُسی کو اپنے نفسِ مضمون میں ڈھالا ہے اور نہایت ہی خلوص سے اُسی کے ذریعے اپنے ڈراموں کی تشکیل کی ہے اُن کی اس کوشش کو بلا شبہ سراہنا چاہیے لیکن ڈرامے کی تکنیکی ساخت کے لحاظ سے جو بات بنیادی

طور سے باعث ِ اختلاف ہے وہ یہ ہے کہ آئینۂ حیات کے بیشتر ڈرامے اسٹیج کی پیش کش کے لیے تقریباً ناموزوں ہیں دراصل اس نوع کے ڈرامے ترتیلی ڈراموں کے زمرے میں شمار ہوتے ہیں جن کو ضروری تکنیکی لوازمات کے ساتھ اسٹیج کرنا غیر ممکن نہ سہی مگر دشوار ضرور رہے۔ مغرب کے چند معروف تخلیق کاروں نے بھی ترتیلی ڈرامے کے اسلوب میں خامہ فرسائی کی ہے جو پڑھنے کی حد تک تو یقیناً بے حد فکر انگیز ہیں مگر اسٹیج کے لئے دشوار تصور کیے جاتے ہیں۔ اس طرح کے ڈراموں کا ایک خاصا واجبی سرمایہ اردو ادب میں بھی کم و بیش موجود ہے جو ہمارے مشہور و معروف ادیبوں کے فکر و قلم کا مرہونِ منت ہے مثال کے طور پر میں اُن میں سے یہاں صرف چند مشاہیر ادب کے ناموں پر ہی اکتفا کروں گا جیسے؛ عبدالحلیم شرر، عبدالماجد دریابادی آرزو لکھنوی، منشی دیانارائن نگم، نیاز فتح پوری، سیماب اکبر آبادی وغیرہ ان بزرگوں نے ڈرامے کی صنف میں اپنی طبع آزمائی کی لیکن ان کی تمثیلی کاوشیں اسٹیج کے لیے غیر موزوں اور ناکام ثابت ہوئیں۔ تاہم ان کی سماجی افادیت سے انکار نہیں کیا جاسکتا۔ گو کہ آئینۂ حیات کے بیشتر ڈرامے اسٹیج کے ضروری لوازمات کو پورا نہیں کر پاتے تاہم ان میں کچھ حد تک اس طرح کے ڈرامائی اور فکری عناصر موجود ہیں جن کو اسٹیج پر REHEARSED READING کے روپ میں پیش کیا جاسکتا ہے۔ س قسم کی ہیئتی تکنیک کے اسلوب پر لکھے ہوئے ڈرامے لندن کے مقامی تھیٹر میں اکثر منظرِ عام پر نمایاں ہوتے ہیں اور سراہے جاتے ہیں۔ میرا قیاس ہے کہ آئینہ حیات کے ڈراموں کو بھی REHEARSED READING کے طور پر اسٹیج کیا جانا چاہیے۔ کیوں کہ ڈرامے کے لیے اسٹیج ہی وہ واحد معیار ہے جس کے ذریعے ڈرامانگار کے تخلیقی محاسن و معائب کا جامع اور واضح ادراک کیا جاسکتا ہے۔ ان ڈراموں کے مرکزی کردار، عصر حاضر کے معاشرے میں جس سماجی اور نفسیاتی المیے سے دو چار ہوتے ہیں اُس بحرانی کیفیت کی عکاسی کوثر علی نے اپنے مکالمات کے ذریعے نہایت

سلیقے اور سادگی سے کی ہے جو پڑھنے والوں کو متأثر کرتی ہے

اختتامِ مضمون کو بس اس کلیے پر مرکوز کرنا چاہوں گا کہ ڈرامے کا بھرپور وجود اور اثر دراصل اسٹیج اور اسٹیج کے ضروری تکنیکی ذرائع کا محتاج ہے جہاں تک میں سمجھتا ہوں یک بابی تمثیل اپنے اسلوب کے جس موقف کو آشکار کرتی ہے وہ منحصر ہے اس پر کہ اس صنف کے اختصار میں کس طرح ڈرامے کے مرکزی خیال کو پیش کیا جائے، کیسے اس کی نشوو نما کی جائے اور کب اُسے منتہائے عروج پر لے جا کر اثر انگیز کیا جائے۔

ڈرامے کی یہی ہیئت اپنے مختصر ساز و سامان کے باوجود اپنے دیکھنے والوں کو بے پناہ اثرات سے متأثر کرتی ہے یعنی مختصر ڈرامے کی محدود ہیئت میں فکری وسعت کو سمونا بڑی جاں فشانی اور عرق ریزی کا کام ہے۔

آخر میں عرضِ خدمت ہے کہ اردو ڈرامہ نگاری کی زمین بدقسمتی سے ہمیشہ قحط سالی کا شکار رہی ہے اگر کوئی بھی نیا فن کار اس خشک زمین کو سیراب کرنے کی کوشش کرتا ہے خواہ وہ ناتمام ہی سہی، تاہم ہم سبھوں کو کشادہ دلی سے اس کا خیر مقدم کرنا چاہیے اور مجھے یہ کہنے میں قطعاً تأمل نہیں کہ آج کی اس بزمِ پزیرائی میں مسز کوثر علی کا استقبال تمثیل نگاری کے ضمن میں بجا طور پر امید افزا ہے۔ بشرطے کہ وہ خلوص و انہماک سے کوشاں رہیں۔

■■

نقدِ سخن اور عیارِ آگہی

شعر گوئی کا جواز ابجز اس کے اور کچھ میرے پاس نہیں کہ یہ فطرت کی دین ہے۔لیکن فی الحقیقت یہ ایک فن بھی ہے اس لیے اپنی ستعداد کے مطابق میں اس کوشش میں سرگرداں رہتا ہوں کہ یہ عطیۂ فطرت ایک دائرے میں محصور ہو کر نہ رہ جائے بلکہ رفتہ رفتہ ایک تہذیبی اور ثقافتی عمل سے ترقی پذیر ہو۔یہ ایک پل صراط ہے جس پر سے گزرنے کے لیے بڑی جاں فشانی اور عرق ریزی سے کام لینا پڑتا ہے۔چنانچہ 'پہلے دلِ گداختہ پیدا کرے کوئی' کے مصداق میں فن سے آگہی اور اس کے تمام متعلقات کے شعوری علم کو نہایت ہی اہم اور مقدم شمار کرتا ہوں۔علم و مطالعہ، مشاہدہ و تجربہ، فکر و ادراک یہ وہ چند اجزائے ترکیبی ہیں جن کے اکتساب سے شعر گوئی کا فن فطری تقاضوں سے گزر کر تہذیبی اور روایتی عمل میں داخل ہوتا ہے۔یعنی اس طرح عطیۂ فطرت کو اپنی تربیتی اور ارتقائی اقدار سے روشناس ہونے کا موقع ملتا ہے۔

اگر عطیۂ فطرت سے موزونیِ طبع ہی شعر گوئی کا اول تا آخر موقف ہو تو مجھے فن کے اس پروچ سے سخت اختلاف ہے۔موزونیِ طبع بایں صورت شاعری کو مشینی کل پرزوں میں تبدیل کر دیتی ہے،اس طرح میکانکی فکرِ سخن اپنے تخلیقی عمل کی نشوونما اور تربیت سے محروم ہو کر امتدادِ زمانہ سے آخر بے جان ہو کر معدوم ہو جاتی ہے۔شاعری دراصل خلا میں معلق نہیں ہوتی بلکہ اپنے ماحول، اپنی تہذیب اور معاشرت میں ایک نامیاتی حیثیت اختیار کرتی ہے اور یہ سب ایک میکانکی شاعری کے بس کی بات نہیں۔صرف عطیۂ فطرت ہی نہ

شعر کو حیاتِ دوام عطا کرتا ہے نہ اس کی تشکیل و تکمیل کر پاتا ہے اور نہ ہی جمالیاتی نشاط سے ہم آہنگ کرتا ہے۔ انجامِ کار شعر اس طرح جذبے کی توانائی سے ہمیشہ کے لیے محروم ہو جاتا ہے۔

یہی وجہ ہے کہ جب شاعر اپنی طبع موزوں کے بل بوتے پر برجستگی اور زود گوئی کو ایک تخلیقی معیار قرار دیتا ہے تو ایک قلیل عرصے میں وہ اپنے دواوین کی طویل فہرست تو مرتب کر لیتا ہے لیکن خیال کے اسلوب و تناظر میں فرسودہ روایات اور عمومیت کی صدائے بازگشت بن کر دم توڑ دیتا ہے۔ یہی اس کی شاعری کا افسوس ناک المیہ ہے۔

اپنے ابتدائی دور کے کلام میں اسی نوع کے المیے سے کچھ حد تک خاکسار بھی دو چار رہا ہے۔ یہ وہ عالم تھا جبکہ ایک خاصے عرصے تک ذہن پر آگہی کے باب نیم وا تھے۔ ایک دائرہ تھا جس کے اندر فکر محبوس تھی۔ دراصل اس عہد کے لکھنے پڑھنے والی نوجوان نسل ترقی پسند تحریک کے دامِ سحر میں گرفتار تھی اور جس کی تقلید سے میرے لیے بھی مفر دشوار تھا۔ ترقی پسندی کے اس شورِ بے اماں میں مجھے اپنی آواز کو سننے، پہچاننے اور دریافت کرنے کا شعور ہی نہیں ہوا۔ لیکن ۱۹۶۸ء میں جب انگلستان آ کر مستقل سکونت اختیار کی تو مغرب کے کشادہ فکری ماحول نے ذہن پر جدید موضوع و اسلوب کے روزن و در وا کیے، پھر رفتہ رفتہ میں فکر و فن کے تقلیدی اور روایتی قید و بند سے باہر نکل آیا۔ میں یہ سمجھتا ہوں کہ تخلیق کار کے لیے ضروری ہے کہ وہ تحقیق اور مشاہدے کو بروئے کار لا کر ہر نئی ادبی تحریک کے معائب و محاسن سے اپنے تخلیقی تجربات میں اضافہ کرے۔ گو میں ادب میں موضوع و اسلوب سے متعلق کسی مخصوص نظریۂ فکر کی محکومانہ اطاعت کا ہرگز قائل نہیں ہوں تاہم اسلاف کی علمی اور شعری روایات اور مابعد نظریاتی تغیرات سے بے اعتنائی نہیں برتتا۔ بلکہ حسبِ استطاعت اور بقدرِ ضرورت مستفیض ہونے کی سعی کرتا ہوں کہ فکری رد و قبول کا یہ طریقۂ کار بلاشبہ متوازن، غیر رجعت پسند اور منطقی ہے۔ یہاں یہ بھی وضاحت ضروری سمجھتا ہوں کہ شعر

وادب ہو یا فنونِ لطیفہ ان سے متعلق کسی بھی فنی اجتہاد و اختراع کا میں عقلی طور پر قطعاً مخالف نہیں ہوں بشرطیکہ یہ عمل کورانہ تقلید سے مبرّا ہو، اور اس کی اساس علمی و تحقیقی مطالعے بے لاگ مشاہدے اور بے باک منطقی استدلال پر قائم و مستحکم ہو۔ اس موقعے پر ایک جملۂ معترضہ عرض کرتا چلوں کہ میرا یہ اکثر مشاہدہ رہا ہے کہ ایک تخلیق کار اپنی پیش کش میں اپنے نظریات پر کلی طور سے کاربند نہیں ہو پاتا یعنی جو وہ کہتا ہے کبھی کبھار اس سے صرفِ نظر بھی کرجاتا ہے۔ میں نے اپنے پچھلے شعری مجموعے کی تمہید'اعتذار' میں خامیوں کے تناظر میں فنی وفکری تاثرات و نظریات کے جو دلائل پیش کیے ہیں ممکن ہے بعد کی تخلیقات میں دانستہ یا نادانستہ طور پر ان سے انحراف کا مرتکب ہوا ہوں۔ لیکن میرا ناقص خیال یہ ہے کہ اس کو'دیگر را نصیحت و خود را فضیحت' کے زمرے میں شمار کرنا سراسر زیادتی ہے کیونکہ تخلیقی اظہار ایک ترقی پذیر عمل ہے، نامیاتی طریقۂ کار ہے نیز ایک تدریجی ارتقائی ڈسپلن بھی ہے۔ تاہم ان سب کے باوجود' کبھی کبھی اسے تنہا بھی چھوڑ دے' یہ بھی از حد ضروری ہے۔

دراصل ایک بڑی شاعری کے کچھ اپنے فنی محرکات اور تقاضے ہوتے ہیں جن میں قوتِ ادراک کو ایک کلیدی حیثیت حاصل ہے۔ شاعری اپنی تمام فنی خصوصیات کے ساتھ قوتِ ادراک کے ذریعے ایک بڑی شاعری کا منصب اختیار کرتی ہے۔ لیکن قوتِ ادراک کوئی ایسی شے نہیں جو کسی پیڑ پر اگتی ہو کہ جسے توڑ کر فوراً سرخ روئی حاصل کرلی جائے۔ اس کے حصول و اکتساب اور نشو و نما کے لیے بڑے پاپڑ بیلنے پڑتے ہیں جس کے لیے داغ نے کہا ہے:

شاعری کھیل نہیں ہے جسے بچہ کھیلے
میں نے چھتیس برس اس میں ہیں پاپڑ بیلیں

یا پھر میرؔ و غالبؔ کے ارشادات کے مطابق:

ہم کو شاعر نہ کہو میرؔ کہ صاحب ہم نے

درد و غم کتنے کیے جمع تو دیوان کیا
حسنِ فروغِ شمعِ سخن دور ہے اسدؔ
پہلے دلِ گداختہ پیدا کرے کوئی

چنانچہ شعر کہنا میرے لیے ہمیشہ ایک اضطرابی عمل رہا ہے۔ اکثر یوں ہوتا ہے کہ کئی دنوں تک ایک جمود کی سی کیفیت طاری رہتی ہے۔ ویسے بھی زود گوئی اور بسیار گوئی کو میرے مزاج سے کوئی علاقہ نہیں ہے۔ یہ عذرِ تساہل نہیں بلکہ اعترافِ حقیقت ہے۔ غزل رینگتی ہوئی جہاں پانچ اشعار تک پہنچتی ہے تو یوں محسوس ہوتا ہے کہ کوئی معرکۂ کرب طے کرلیا ہو پھر ہر شعری تخلیق کے بعد ذہن عجیب لذت انگیز ہیجان و اضطراب کی کیفیت سے دو چار ہو جاتا ہے۔ لیکن میں ہرگز اس غلط فہمی کا شکار نہیں ہوتا کہ یہ سمجھوتہ کسی ایسی بڑی شاعری کی تخلیق کا باعث ہو جو سننے والوں کو غیر معمولی طور پر متاثر کر سکے۔ یہی وجہ ہے کہ میں جو کچھ بھی کہنے کی کوشش کرتا ہوں اپنے ہی تذبذب کے سبب دوسروں کو سنانے سے اکثر کتراتا ہوں کہ ابھی عشق کے امتحاں اور بھی ہیں، بہر حال اسی فکری تنقیے کے بعد دل کو قدرے اطمینان نصیب ہوتا ہے جیسے مریض کے دل کو اختلاجی کیفیت سے سکون میسر ہو جائے۔

اس سے انکار نہیں کہ ہر تخلیق کار کے ذہن میں اس کا اپنا عصری شعور کارفرما ہوتا ہے۔ وہ اپنے عہد کو بحیثیت استعداد اپنے فکر و قلم میں سمو کر پیش کرتا ہے۔ اس کے تخلیقی تار و پود میں ذات، شخصیت اور عصری تجربات کے اجزا دریافت کیے جا سکتے ہیں۔ میں شدت سے محسوس کرتا ہوں کہ میرے فکری اظہار میں ان اجزا کا خاصا عمل دخل ہے۔ ذات، شخصیت اور عصری حسیت یہ سب میری تخلیقی کاوشوں کا ایک اٹوٹ حصہ ہیں۔ میرے درد و الم انفرادی بھی ہیں اور اجتماعی بھی لیکن میں اپنی عصری آگہی کو اپنی شعری تخلیق میں وقت کے جبر و قید سے حتی الامکان آزاد رکھنے کی کوشش کرتا ہوں۔ اس لیے کہ وقت کا

تعین شعر کی معنوی وسعت کو محدود کر دیتا ہے۔میں اس نظریے کا بھی قائل ہوں کہ فکری سطح پر شاعری وجود کے اظہار اور پے در پے انکشاف کا بہترین ذریعہ ہے جو انسانی رشتوں کو باہم مربوط کرتی ہے۔رہا زبان کا معاملہ تو میرے نزدیک اس کو برتنے کا کوئی جامد زاویہ نظر نہیں ہے۔زبان ذریعۂ اظہار و ابلاغ ہے جو ایک مخصوص سماجی عمل کی پرداختہ ہے اور میں نے اپنے تئیں اسلوب و اظہار میں ہر چند اس سے وابستہ تقاضوں کو پورا کرنے کی حتی المقدور کوشش کی ہے۔بہرحال یہ لسانی طرزِ عمل نہ صرف فی نفسہٖ صدیوں کی روایات سے وابستہ ہے۔بلکہ حال کے مشاہدات سے استفادہ کرتا ہے اور مستقبل کے فطری اور اختراعی تجربات وتغیرات کا محرک بھی ثابت ہوتا ہے۔

سچ تو یہ ہے کہ میرا مزاج اجتہاد و اختراع کے تناظر میں لسانی شکست و ریخت سے مناسبت نہیں رکھتا۔لہٰذا میں اندازہ نہیں کر سکتا کہ اپنے شعری مجموعے میں کس حد تک میں نے اس نوع کی جرأتِ رندانہ کو اپنے لسانی نظم ونسق میں شعوری یا غیر شعوری طور پر شامل کیا ہے۔اگر نہیں کیا تو 'اس میں کچھ شائبہ خوبیِ تقدیر بھی تھا'۔

اپنی انھیں تمام توضیحات کے تحت میں اب یہ بتانا ضروری سمجھتا ہوں کہ انسانی رشتوں کا ذکر وجود و کائنات کے باہمی ربط و اختلاف، غمِ زندگی کو برداشت کرنے کا عزم، اثبات و نفی اور تشکیک و یقین کی کشاکش جیسے موضوعات کو شعری پیکر میں ڈھال کر میں کسی خوش فہمی میں مبتلا نہیں ہوں کہ میرے فکر و خیال اور ترسیل و اظہار اپنے شعری تقاضوں کے معیار پر کماحقہ، پورے اترے ہیں۔ہاں !البتہ میں نے دیانت دارانہ کوشش ضرور کی ہے اور اس کا فیصلہ قاری کی اپنی صواب دید پر منحصر ہے۔

نقد سخن کے واسطے ، ایک عیارِ آگہی
شعر کے فن کے واسطے، مایۂ اعتبار ایک
(غالبؔ)

■■

جتندر بلّو

ایک اہم متنازع افسانہ نگار

بلّو کے نام سے میرے کان انھیں دنوں سے آشنا تھے۔ جب کہ میں اپنی تعلیم پوری کرنے کے بعد بمبئی کے فلمی اسٹوڈیوز کی خاک چھان رہا تھا۔ اور وہ اس وقت شاید کسی فلم ادارے سے منسلک ہو چکا تھا۔ بمبئی میں جہاں میرا گھر تھا دراصل وہیں ایک قریب کے محلے کی عمارت میں بلو کی رہائش گاہ تھی مجھے یاد پڑتا ہے کہ اکثر اتوار کے دن ترقی پسند مصنفین کی نشستوں میں بھی بلو سے مڈھ بھیڑ ہو جایا کرتی تھی۔ لیکن اس کو میری بدقسمتی کہیے کہ ہم دونوں کے درمیان گفتگو کے سلسلے کا کبھی باقاعدگی سے آغاز نہیں ہوا حالانکہ ہم دونوں کے اکثر یار احباب ایک دوسرے سے بخوبی واقف تھے۔ اس کی شخصیت کی شناخت میرے ذہن میں بلو اور صرف بلو کے نام کی حد تک محدود تھی۔ بلّو کے تعارف کا یہی ایک دھندلا اور انتہائی مختصر سا نقش تھا جو میری یادداشت میں کافی عرصے تک زنگ کھاتا رہا پھر ۷۰ء کی دہائی میں یوں ہوا کہ میں لندن آ کر تارکین وطن کی صف میں شامل ہو گیا اور بلوُ کی صورت بھی آئی گئی ہوگئی تب اسی زمانے بمبئی کا میرا ایک پرانا یارِ غار فلم رائٹر ساگر سرحدی لندن میں اپنی فلم نوری کی نمائش کے سلسلے میں وارد ہوا جو بلو صاحب سے اچھی طرح واقف تھا چنانچہ اسی کے ذریعے ایک دن بونڈ اسٹریٹ پر انڈیا ٹی سینٹر میں بلو

اور اس کی تخلیقی شخصیت سے با قاعدہ متعارف ہونے کا موقعہ ملا۔ اور بعد میں جب رفتہ رفتہ دوستی پروان چڑھی تو پھر کہیں جا کر بلو صاحب کے نا تمام اسم گرامی کے دیگر مکمل اجزائے ترکیبی سے یعنی جتندر دیولا نبہ سے آگہی کا شرف حاصل ہوا۔لیکن میں شدید حیرت میں مبتلا تھا کہ بلو کے والدین کے ہاتھوں بلو کے ساتھ اس درجہ ناانصافی کیسے سرزد ہوگئی ان کے یہ صاحب زادے بے چارے نہ تو دیو جیسی قد و قامت والے نکلے اور نہ ہی لانبا (لمبا)۔بلو میرا یار اس قدر عمدہ اور نفیس اقدار کا حامل کیسے بایں صورت اسمِ با مسمیٰ ثابت ہو سکتا ہے۔لیکن اب جو غور کرتا ہوں تو یہ منکشف ہوتا ہے کہ اردو فکشن کی تخلیقی توانائی میں بلو نہ صرف دیو قامت ہے بل کہ اس کا ارتقائی سفر بھی یقیناً بے حد لانبہ یعنی اپنے ہم عصروں کے ادبی قد سے کہیں زیادہ لمبا ہے اس تناظر میں اب آپ ہی بتائیے کون یہ کہہ سکتا ہے کہ ہمارے بلو جتندر دیولانبا صاحب اسمِ با مسمیٰ نہیں ہیں۔

تو یہ تھی آج کے اردو فکشن کی ایک معروف شخصیت کی اولین شناخت اور تمہید جو میرے حافظے میں اکثر رینگتی رہی۔لیکن اب پچھلے کئی برسوں سے بلو سے میرا کچھ یارانہ سا قائم ہوگیا ہے اور میں اُس کے انفرادی تخلیقی مزاج اور فکری مطمحِ نظر سے کما حقہ، آگاہ ہو چکا ہوں۔بلو کی افسانوی تخلیقات کا بلا استیعاب مطالعہ کرنے اور برصغیر پاک و ہند میں اُس پر لکھے گئے مختلف تنقیدی مضامین کی روشنی میں میں یہ بلا تامل کہہ سکتا ہوں کہ اردو نو آباد بستیوں میں بلو کو تخلیق کار کی حیثیت سے ایک بین الا قوامی مقام ضرور حاصل ہے وہ اس لیے کہ ہندو پاک اور دنیا کے دیگر مما لک سے شائع ہونے والے اردو کے بیشتر رسائل و جرائد میں نہ صرف بلو کی افسانوی تخلیقات شائع ہوتی ہیں۔بل کہ ان کی تنقیدی پذیرائی اور نکتہ چینی بھی کی جاتی ہے۔

آج شام کی یہ نشست ''درد کی حد سے پرے'' کے حوالے سے نہ صرف جتندر بلو کے تازہ افسانوی مجموعے کی شناخت ہے بلکہ اردو فکشن سے وابستہ اس کی تخلیقی کاوشوں کی

پذیرائی بھی ہے۔

۱۹۷۷ سے اب تک اردو افسانے اور ناول کی اصناف کے میدان میں بلو نے باقاعدگی سے بتدریج ارتقائی منازل طے کی ہیں اور یہ سفر ہنوز جاری ہے۔ اِس سے میری مراد مصنف کی وہ دیگر تصانیف ہیں جن میں اردو اکادمی یو پی کی جانب سے انعام یافتہ تصنیف ''پرائی دھرتی اپنے لوگ'' کے علاوہ ''پہچان کی نوک پر، مہانگر، جزیرہ، نئے دیس میں، انجانا کھیل، وشواس گھات اور چکر'' بھی شامل ہیں۔ یہاں میں اس بات کی بھی نشان دہی ضروری سمجھتا ہوں کہ اردو کے چند معروف اور موقر اہلِ نقد و نظر نے بھی مصنف کے ناول اور افسانوں کو اپنے تنقیدی مکالمات اور ادبی سیمینار میں خاصا سراہا ہے۔ اور اس کے مختلف تخلیقی محاسن پر روشنی بھی ڈالی ہے۔ جن میں گوپی چند نارنگ، ستیہ پال سریندر پرکاش، آنند، منشایاد، انور سدید، رام لال اور قیصر تمکین کے نام نامی سرِفہرست ہیں۔

اس موقعے پر نقد و تبصرے کے تناظر میں کسی حد تک میں یہاں یہ بھی چاہوں گا کہ مصنف کے چند ہم عصر مخالفین کے تنقیدی اعتراضات کی بھی نشان دہی کروں۔ عام طور پر اکثر یہ دیکھا گیا ہے کہ ہر کسی تخلیق کار کو اپنی مقبولیت کے کسی مقام پر پہنچ کر جا و بے جا تنقیدی اعتراضات کے عذاب سے دو چار ہونا پڑتا ہے ہمارے بلو محترم کی تخلیقات سے متعلق بھی یاران طریقت نے عجیب گل کھلائے ہیں۔ میں حال ہی میں بمبئی میں تھا جہاں اردو فکشن پر مکالمہ کی ایک نشست میں شریک ہونے کا اتفاق ہوا۔ تو کسی نے دُرد کی حد سے پرے پر تبصرہ فرماتے ہوئے اظہار خِیال کیا کہ جتندر بلو حد درجہ انانیت اور نرگسیت کا شکار ہے (ان کے تئیں ممکن ہے قبلہ ایک زمانے میں اداکارہ نرگس کے فین رہے ہوں) اپنی رائے کی تاویل میں انھوں نے بلو کی کتاب سے شروع کے صفحوں پر دی گئی ایک تحریر'' سریندر پرکاش سے ایک مکالمہ'' کا حوالہ پیش کیا۔ درحقیقت اس مکالے میں بلو نے بتایا ہے کہ وہ سریندر پرکاش سے جو اردو فکشن کے ایک عظیم ستون ہیں عالم خواب میں مکالمہ کرتا

ہے ۔ جہاں سورگ باش سریندر پرکاش دورانِ مکالمہ ُدرد کی حد سے پرے‘ کے افسانوی مجموعے کی خوب کھل کر رطب اللسانی فرماتے ہیں ۔ اُن مہاشے نے مکالمے سے ایک مختصر اقتباس پڑھتے ہوئے بتایا کہ جتندر بلو صاحب نے کس طرح اپنے منھ میاں مٹھو بننے کی نرالی ترکیب نکالی ہے ۔ اقتباس ملاحظہ ہو:

”۔۔ میں نہیں سمجھتا کہ بیرونِ ملک میں آباد اردو کے ادیبوں کی رسائی وہاں تک ہوئی ہے جہاں تک تمھاری فکر نے سفر کیا ہے ۔ وہاں کے بیشتر ادیب صرف واقعات لکھنے میں یقین رکھتے ہیں ۔لیکن تم داخلیت اور خارجیت کی فنی آمیزش سے خوب واقف ہو ۔“

لیکن میں نے بلو سے اپنے مراسم کو مدنظر رکھتے ہوئے سمجھانے کی حتی الا مکان کوشش کی کہ سورگ باش سریندر پرکاش کی زبانی بقیدِ حیات بلوؔ نے جو کچھ رقم کیا ہے اس سے دروغ گوئی اور اپنے مُنہ میاں مٹھو بننے کا کوئی جواز نہیں ملتا ۔ ہاں کچھ نقادوں کی رائے میں بلو اپنے چند معاصرین میں ایک مابہ النزاع افسانہ نگار کی حیثیت سے البتہ جانا جاتا ہے ۔ جو قابل بحث ہے تاہم میری ساری دلیلیں بے سود ثابت ہوئیں بہر حال اُسی نشست میں ایک ناقد صاحب کو جب کچھ نہیں بن پڑا تو فاضل مصنف کی تحریر میں لسانی اسقام کی مثالیں پیش کرنے لگے ۔ فی الوقت ان صاحب کی پیش کردہ محض ایک ہی مثال بہ طورِ نشان دہی کافی ہے افسانہ ہے ُسرِ راہ‘ جس کے صفحہ ۸ ۳ پر پانچویں سطر ہے ”کھادی کے کرُتے سے ایک کاغذ نکالا ۔ پھر گلا صاف کر کے گوش گذار ہوا“ ان کا تیرِ ہدف لفظ ُگوش گذار‘ کی جانب تھا جس کا استعمال بلاشبہ غیر موزوں تھا ۔ میں نے توجیہ پیش کی کہ جناب اس کو پروف ریڈنگ کی غلطی پر محمول کیا جاسکتا ہے (اور ویسے انسان غلطی کا پتلا ہے ممکن ہے بلو صاحب کی اردو میں پنجابی اثر سرایت کرگیا ہو تو یہ قابل نظر انداز ہے)

آخر میں ایک طالبان نما باریش صاحب نہایت ہی برہمی سے کفن پھاڑنے پر مصر ہو گئے” دیکھیے ! اِس رائیٹر کے افسانوں میں کس حد تک رکیک اور مبتذل جنسیت در آئی

ہے‘‘ استفسار کرنے پر انھوں نے مختلف مثالیں پیش کرنا شروع کر دیں۔ میں یہاں بس ان کی ایک ہی دی ہوئی مثال پڑھ کر سنانا چاہوں گا۔ افسانہ ہے ’بولتا بدن‘ جس کے صفحہ نمبر ۶۰ کا آخری پیرا گراف ہے؛۔

’’رات گئے تک ہمارے بدن ایک دوسرے کو کھنگالتے رہے۔۔۔ یہی حال پیگی کا بھی تھا اس کے نازک ہاتھ میرے بدن پر پھیل کر اسے لگاتار سہلاتے رہے۔ کبھی اس کے جنس زدہ ہونٹ اسے چوم بھی لیتے۔ اور کبھی اس کا کوئی حصہ دانتوں کی زد میں آجاتا تو میں تڑپ اٹھتا۔ جی چاہ رہا تھا کہ وہ اسی ڈھنگ سے میرے بدن کے پٹھوں اور بازوؤں کی مچھلیوں کو چومتی چاٹتی رہے۔‘‘

وہ قبلہ اس کے بعد ہانپتے ہوئے رک گئے اور پھر منھ سے رال پونچھتے ہوئے دوسری مثال پڑھنا چاہتے تھے کہ میں نشست سے اٹھ کر باہر نکل آیا۔ ان کا موقف قدرے کسی حد تک ہوسکتا ہے درست ہو لیکن جی کرتا تھا کہ کاش میں ان کو منٹو اور عصمت چغتائی کی افسانوی تخلیقات کے کچھ اقتباسات پیش کرتا تو ان کی رال ٹپکنے کا سلسلہ بدستور جاری رہتا۔ اس نوع کے اعتراضات میں سمجھتا ہوں شاید تنگ ذہنی کے مترادف ہیں۔ ہاں ایک صاحب نے نہات ہی مہذب لب و لہجے میں بلو کی افسانوی تحریروں میں تعصب کی جانب نشان دہی بھی کی ہے۔ جو میرے نزدیک نہایت ہی اختلاف فیہ موضوع ہے تاہم اس اختلافی اعتراض پر سیاق وسباق کو مدنظر رکھتے ہوئے عقلی دلائل سے بحث کی جاسکتی ہے۔ ممکن ہے میں غلط ہوں کہ میں نہیں سمجھتا بلو کے افسانوی کردار مبینہ طور سے اس کے کسی متعصب اپروچ کی نشان دہی کرتے ہیں۔

لیکن اس قدر ضرور عرض کروں گا کہ جتندر بلو کی تخلیقی شخصیت دراصل ہم سبھوں کی جانب سے اب اس فریضے کی بھی متقاضی ہے کہ اردو فکشن کے حوالے سے ایک ادبی نشست کا اہتمام کیا جائے جہاں سنجیدگی سے جتندر بلو کے ناول اور افسانوں کے مختلف موضوعات

خاص کر اختلافی موضوعات زیر بحث لائے جاسکیں اور اس کے متنازع نظریہ فکر کی بھی وضاحت کی جاسکے۔ فاضل مصنف کی افسانوی تحریر کے چند ایسے تخلیقی پہلو ہیں جن میں مغربی فکشن کے تناظر میں کئی توانا قدروں کو دریافت کیا جاسکتا ہے اس سلسلے میں حالاں کہ گوپی چند نارنگ، ستیہ پال آنند، الیاس شوقی، شمس الرحمٰن فاروقی اور دیگر اردو کے نقادوں نے جتندر بلو کی چند افسانوی تخلیقات کو اپنے تجزیاتی تبصروں میں شامل کیا ہے لیکن ہنوز باقاعدگی سے اس ضمن میں واضح طور پر کوئی کام منظرِ عام پر نہیں آسکا ہے۔ مصنف نے اپنے ناول اور افسانوں میں موضوع و اسلوب کی جس فنکارانہ ہیئت اور تکنیکی اپروچ کو اختیار کیا ہے ان کو زیرِ بحث لانا میں سمجھتا ہوں نہایت اہم ہے اس طرح نہ صرف تخلیق کے افہام وترسیل میں آسانی ہوگی بل کہ تخلیق کار کے نقطۂ نظر اور اس سے متعلق اختلافات کے سمجھنے میں خاصی مدد ملے گی۔ مغرب کے بیشتر قلم کاروں نے اپنے تبصروں میں اسی نوع کی طرزِ تنقید سے استفادہ کیا ہے۔ میرے ناقص خیال میں بلو جیسے افسانہ نگار کی تخلیقی توانا اقدار کو تنقیدی معیار پر پرکھنا نہایت ضروری ہے جتندر بلو کی تحریر کے بیان و اظہار میں فنکارانہ اشاریت اور طنزیہ رمزیت کے کچھ ایسے پہلو بھی ہیں جو قاری کے ذہن کو حد درجہ متأثر کرتے ہیں بلو اپنے تخلیقی اظہار میں جس لسانی اسلوب کو اختیار کرتا ہے وہ انشا پردازی کی تمام فرسودہ روایات سے بڑی حد تک مُبرّا ہے۔ عجیب بات ہے کہ اکثر معروف افسانہ نگار اس بدعت میں اب تک مبتلا نظر آتے ہیں۔ مگر بلو اپنے افسانوی مکالموں میں وہی الفاظ اور نثری اسلوب اختیار کرتا ہے جو اس کے کرداروں سے مناسبت رکھتے ہیں اس کے تخلیق کردہ کردار کہانی کی جغرافیائی سماجی اور معاشرتی ماحول کے تقاضوں کے مطابق اپنی زبان بولتے ہیں یہی وجہ ہے کہ بلو اکثر کئی جگہ ان لسانی حدبندیوں کو توڑنے سے بھی گریز نہیں کرتا جو ممکن ہے ما بہ النزاع ہوں۔ اختصارِ وقت کے باعث اپنی بات کے استدلال میں مصنف کی تازہ تخلیقی اشاعت ’درد سے پرے‘ سے ایک دو مثالوں پر اکتفا

کروں گا۔

''یہ سرد ملک جہاں ہم رہتے ہیں، زیادہ اچھے نہیں ہیں۔ یہاں رہ کر جیون دلدل بن جاتا ہے۔۔آدمی اس میں دھنستا ہی چلا جاتا ہے۔ پھر نکل نہیں پاتا۔۔ یہاں کی ہوا بھی بڑی خطرناک ہے۔۔آدمی کے تن من پر ترُنت اثر کرتی ہے۔ پھر وہ اپنی ہی خاطر ہی زندہ رہتا ہے۔ اپنے بارے میں ہی سوچتا ہے اور کسی سے گہرا سمبندھ رکھنا پسند نہیں کرتا۔''

کہانی کا مرکزی کردار'رمن' بھائی اتنا ضعیف ہے کہ وہ مرنے کے قریب ہے۔ وہ راوی کو سمجھانا چاہتا ہے۔

''اِن ملکوں میں بڑھاپا گرد کی طرح ہے۔ لوگ باگ بوڑھے آدمی کو نکما سمجھ کر اس سے پرے پرے رہتے ہیں۔۔۔اس سے ملنا تو درکنار اس سے بات کرنا بھی زیادہ پسند نہیں کرتے۔''

چنانچہ وہ جو بلو کے ہاں جن اسقام کی نشان دہی کرتے ہیں ممکن ہے کہ وہ کسی حد تک حق بجانب نہ ہوں۔ تاہم بلو کی طرزِ تحریر میں جو تنوع ہے اس کے پیشِ نظر مجھے یہ کہنے میں قطعاً عار نہیں کہ بادی النظر میں متنازع بھی ہو سکتے ہیں چنانچہ ہمارے اردو کے نقاد حضرات پر لازم ہے کہ وہ بلو کے اس تخلیقی پہلو پر بھی ایک سنجیدہ مثبت بحث کو ضروری سمجھیں خاص کر اس قسم کے مشکوک اعتراضات کے تناظر میں، جن سے بلو کے چند افسانوی کردار کی تشکیل میں مذہبی تعصب کا گمان ہوتا ہے۔

■■

مرحوم افتخار اعظمی

ایک گم شدہ خزانہ

بمبئی میں میری طالب علمی کا زمانہ تھا۔ ایک دن معلوم ہوا کہ کسی صاحب کے گھر شام کو جماعت اسلامی کی ایک ادبی نشست منعقد ہونے والی ہے۔ اُن دنوں شعر و ادب کا بھوت ۲۴ گھنٹے سر پر سوار رہا کرتا تھا۔ چاہے ترقی پسندوں کی مجلس ہو یا جماعت اسلامی وغیرہ کی نشست، بس پڑھنے اور سنانے کے جہاں سینگ سماتے وہیں پہنچ جاتا۔ چنانچہ شام ہوئی تو میں نشست میں شامل ہونے کے لیے پہونچ گیا۔ کمرے میں داخل ہوا، گنتی کے دس پندرہ لوگ موجود ہیں۔ ایک صاحب لکھنوی وضع قطع کے بڑے پائچے کے پاجامے پر اجلی سفید اچکن پہنے، بیچ میں براجمان ہیں اور نہایت ہی دھیمے مگر پُر وقار لہجے میں کسی موضوع پر اتنا تجر علمی پیش کر رہے ہیں اور حاضرین کرام ہیں کہ ہمہ تن گوش بیٹھے سر دھن رہے ہیں۔ میں بھی شامل سماعت ہو گیا۔ کچھ ہی لمحوں بعد وہ جب اپنے اس آخری فقرے پر پہنچے جو کچھ اس طرح تھا، ''درحقیقت ترقی پسند ادب کے انھیں منفی رجحانات سے طبیعت کو تنعض ہوتا ہے۔'' تو میں چونک پڑا اور میں نے قریب بیٹھے ہوئے ایک نستعلیق نما شخص سے پوچھا، ''ان حضرت کا نام کیا ہے؟'' انھوں نے بڑے فخر سے مطلع کیا، ''افتخار اعظمی۔''

یوں میرے کان پہلی مرتبہ افتخار اعظمی کے نام نامی سے آشنا ہوئے۔ اس سے پہلے کہ

نشست برخاست ہوتی، چندلوگوں کے اصرار پر آخر میں انھوں نے اپنے خاص انداز میں یہ قطعہ پڑھ کر سنایا جو مجھے آج تک اُن کے لب و لہجے میں از بر یاد ہے۔قطعہ ہے:

خوب اندازِ محبت یہ نکالا تم نے خاطرِ دووست نہیں خاطرِ اغیار کرو
چال افرنگ کی یہ سیکھی ہے کہاں سے تم نے حق کی جو بات کہے اس کو گرفتار کرو

نشت برخواست ہوتے ہی اُن کے کچھ چاہنے والے اُن کے اطراف جمع ہو گئے۔ میں نے بھی موقعہ غنیمت شمردہ اپنے آپ کو اُس صف میں شامل کرلیا۔اس طرح افتخار اعظمی سے میں پہلی بار باقاعدہ متعارف ہوا۔بعد میں رفتہ رفتہ میرا اُن سے ملنا جلنا اس قدر بڑھ گیا کہ وہ مجھے اپنے گھر کا ایک فرد سمجھنے لگے اور پھر میں انھیں افتخار بھائی کہہ کر پکارنے لگا۔

افتخار بھائی اُن دنوں علی گڑھ یونی ورسٹی سے شاید پوسٹ گریجویٹ کر رہے تھے۔اس کے بعد جہاں تک میرا اندازہ ہے ۱۹۵۲ء اور ۱۹۶۰ء تک باقاعدگی سے بمبئی آتے جاتے رہے اُن کے بڑے بھائی منشی صاحب کا وہاں ممبئی میں کرافورڈ مارکیٹ کے پاس بہت بڑا کاروبار تھا۔بمبئی کے ادبی حلقوں میں اُس وقت اُن کی شخصیت ایک ممتاز شاعر، ادیب اور نقاد کی حیثیت سے مستند ہو چکی تھی۔بمبئی کے علاوہ ہندوستان کے دیگر طول و عرض سے شائع ہونے والے اردو کے مختلف اہم ادبی رسائل و جرائد میں بھی اُن کی علمی و ادبی تخلیقات منظرِ عام پر آنا شروع ہوگئی تھیں۔میرے لیے وہ اس درجہ مشفق و محترم تھے کہ ہر علم و ادب کے مرحلے پر اپنے پیش بہا قیمتی مشوروں سے نوازتے۔ہمت بڑھاتے اور شعر و سخن کے محاسن و معائب کی طرف توجہ دلاتے لیکن اب بقول حالی:

کس کو جا کر سنائیں شعر و غزل کس کی داد سخنوری پائیں
لوگ پوچھنے کو آئے ہیں اہلِ میت جنازہ ٹھہرائیں

میں نے ۱۹۶۸ء کے اواخر میں ہندوستان چھوڑ دیا اور انگلستان آ کر تارکان وطن کی

فہرست میں اضافہ کر دیا۔لہٰذا اس طرح اچانک افتخار بھائی سے رابطہ منقطع سا ہو کر رہ گیا۔کئی سال اس طرح بیت گئے۔۷۷ء یا ۷۸ء کی بات ہے کہ میرے برادرِ نسبتی مرحوم انور خالد (جنھیں ہم اکثر متعلقین بھائی کہہ کر بلاتے تھے) اُس زمانے میں بی بی سی کی اردو سروس سے منسلک تھے۔ایک دن وہ اتوار کی صبح ہی صبح تشریف لے آئے اور مجھ سے کہنے لگے،"چلیں۔آج ہندوستان کی ایک مشہور ادبی شخصیت کا انٹرویو لینا ہے۔آپ بھی اُن سے مل لیں۔"

بارہا پوچھا وہ صاحب ہیں کون؟ لیکن بھائی نے اُس وقت بتانا عمداً مناسب نہیں سمجھا۔اس طرح اضطراب اور بڑھ گیا۔بہر کیف لندن سے کچھ دور میڈن ہیڈ کے علاقے میں پہنچے کسی گلی میں ایک گھر کے دروازے پر بیل بجائی۔دروازہ کھلا تو کیا دیکھا وہی افتخار اعظمی۔بمبئی کے افتخار بھائی جنھیں میں کھو چکا تھا۔

انتہائی گرم جوشی سے گلے لگ گئے۔اس قدر مسرت ہوئی کہ گویا گم شدہ خزانہ ہاتھ لگ گیا ہو۔اب جو ہم دونوں نے آپس میں مل کر اپنی باتوں اور پرانی یادوں کا دفتر وا کیا تو بھائی کا انٹرویو یوں ہی دھرا کا دھرا رہ گیا۔تو یہ تھی میری اور افتخار بھائی کی انگلستان کی پہلی ملاقات۔

اس کو بد قسمتی کہیے کہ مغرب کی مشینی زندگی اور کام کاج کی مصروفیات نے فرصت کے وہ شب و روز ہی فراہم نہیں کیے جو بمبئی کی سرزمین پر ہم دونوں کو میسر تھے۔پس، افتخار بھائی سے ملاقات کا سلسلہ مسلسل قائم نہیں رہ سکا۔لیکن جب بھی ملنے کی کوئی سبیل نکلتی تو خوب ملتے۔گھنٹوں باتیں ہوتیں جو بھی بات ہوتی گھوم پھر کر آخر میں وہ ہندوستان، وطن اور بمبئی تک پہنچ جاتی۔مجھے اکثر یوں لگتا کہ بھولی بسری ہوئی یادوں کا ایک ہجوم ہے جس کے اندر افتخار عمداً گم ہو جانا پسند کرتے تھے اور پھر باہر نکل کر آنا اُن کے لیے سخت عذاب دہ ثابت ہوتا تھا۔مغرب کے ماحول میں رہ کر وہ مرتے دم تک اس شعر کی گویا مجسم ترجمانی

کرتے رہے۔

بھولی بسری ہوئی یادوں کی عجیب بھیڑ ہے جو
دل کے دروازے پر ہر شام لگی رہتی ہے

اُن سے رخصت ہو کر میں جب بھی گھر لوٹنے لگتا تو ہمیشہ اُن کے آگے اس ایک سوالیہ نشان کی دیوار کھڑی کر دیتا۔

افتخار بھائی، آخر آپ واپس کیوں نہیں لوٹ جاتے اور وہ ہمیشہ اس دیوار کو اپنی ایک تلخ مسکراہٹ کے ساتھ یہ کہہ کر گرا دیتے:

یہ سوچ کے سہہ لیتے ہیں غم ترک وطن کے
غربت ہے تو کیا عافیتِ جاں تو بہم ہے

اب سوچتا ہوں تو واقعی یہ المیہ محض افتخار بھائی کا نہیں بلکہ ہم سب اُن بے چارے ہندوستانی اقلیتوں کا المیہ نظر آتا ہے جو اپنا وطن مالوف چھوڑ کر یہاں آباد ہو کر بھی غیر آباد سے رہا کرتے ہیں۔ شاید اس لیے کہ جائیں تو کہاں جائیں لیکن یہاں عافیت جاں تو بہم ہے۔

آج افتخار بھائی المیے کی اِس کشاکش سے ہمیشہ کے لیے آزاد ہیں۔ خدا اُن کو وہاں اپنی عافیت میں رکھے۔

آخر میں عرض ہے کہ اُن کے چلے جانے کے بعد ہم پر اُن کی ایک بہت بڑی ذمے داری کا بوجھ آپڑا ہے اور وہ ہے اُن کی تمام ادبی خدمات کی اشاعت۔ رنج کی بات یہ ہے کہ اُن کی حین حیات میں اُن کا گراں قدر ادبی سرمایہ کسی کتابی شکل میں منظر عام پر نہیں آسکا۔ لندن آنے کے بعد اگرچہ اُن کی ایک دو کتابیں ضرور شائع ہوئیں جو چند معروف صوفیائے کرام کے منتخب اشعار کے انگریزی تراجم، اُن پر سیر حاصل تبصرہ اور اُن کی معنوی تشریحات کے خطی نقوش پر مشتمل تھیں۔ تاہم اُن کی نثری اور شعری تخلیقات کا ایک

بہت بڑا ذخیرہ پھیلا ہوا ہے۔ اُسے ترتیب اور تدوین کے مراحل سے گزار کر شائع کرنا از حد ضروری ہے۔

جہاں تک مجھے علم ہے مرحوم کی صاحب زادی عزیزی نائلہ اور اُن کی اہلیہ رَتجل اعظمی اپنے وسائل بروئے کار لا کر اس مشکل کام کو پورا کرنے کا مصمم ارادہ رکھتی ہیں لیکن اس نوع کے اہم کام کی تکمیل کے لیے متعلقین اور احباب کرام کے علاوہ چند ایسے اربابِ نقد و نظر کی اعانت بھی درکار ہوگی جن کے پیش نظر مرحوم کے تجرعلمی کا ایک خاصا واضح جائزہ رہا ہو اور وہی مرحوم کے وقیع ادبی بکھراؤ کی تشکیل خوبی سے انجام دے پائیں گے۔

ادبی بکھراؤ کی اصطلاح سے میری مراد نثر و نظم کی وہ مختلف اصناف اور ہئیتیں ہیں جن میں مرحوم نے اپنی تخلیقات کا ایک بہت بڑا سرمایہ اپنے پس پشت چھوڑا ہے۔ میری دعا ہے کہ اشاعت کا یہ کام خدا کرے جلد از جلد کامیابی کے ساتھ پورا ہو تا کہ ہم بجا طور سے کہہ سکیں:

بیا جامیؔ رہا کن شرمساری
زصاف و دُرد آر آنچہ داری

■■

ہمارے سلطان بھائی

سلطان حسن فاروقی جنھیں ہم سب سلطان بھائی کہتے ہیں ،ان سے میری پہلی ملاقات تقریباً سات آٹھ برس قبل ہوئی۔ یہ کم مائیگی ہے کہ اس ملاقات سے پہلے میں ان کی ادبی شخصیت اور حسنِ اخلاق سے قطعاً نا آشنا تھا۔حسنِ اتفاق ہے کہ محض ایک پاکستانی ٹیلی ڈراما 'تعلیم ِبالغان' جس کی مجھے اُن دنوں شدت سے تلاش لاحق تھی ،اُن سے شناسائی کا محرک ثابت ہوا۔ دراصل عزیزی شاہدہ احمد کے تعارفی حوالے سے ان تک میری رسائی ہوئی۔انھوں نے بڑی فراخ دلی سے مطلوبہ ڈرامے کا وڈیو کسیٹ کچھ دنوں کے لیے مجھے عنایت کر دیا۔حسبِ وعدہ جب میں انھیں کسیٹ لوٹانے گیا تو یہ جان کر میری حیرت کی انتہا نہیں رہی کہ وہ یہ قطعاً بھول چکے تھے کہ اُنھوں نے مجھے کوئی کسیٹ مستعار دیا تھا۔ہو سکتا ہے یہ ان کا عمداً استغنا ہو یا ضعفِ یادداشت۔

سلطان بھائی فی الطبع نہایت ہی نفیس،خلیق اور منکسر المزاج واقع ہوئے ہیں۔ان کے گھر پر دورانِ گفتگو یہ بھی انکشاف ہوا کہ ان کی علمی شخصیت میں ادبی ذوق و ہنر کے کچھ اور پہلو بھی مخفی ہیں۔موصوف نہ صرف اردو کے اچھے شاعر ہیں بلکہ انگریزی زبان میں بھی شعر کہنے سے شغف فرماتے ہیں۔خطاطی اور مصوری کا بھی فنکارانہ شعور رکھتے ہیں،علاوہ اس کے بحیثیت اداکار ڈرامے میں بھی حصہ لے چکے ہیں۔جستجو کرنے پر انکشاف ہوا کہ سلطان بھائی نے کسی زمانے میں ایک فلاں صاحب کے 'غالب ان لندن' نامی اردو ڈرامے میں غالب کا رول ادا کیا تھا جس کی بے حد پذیرائی ہوئی تھی۔ یہ سننا تھا کہ مجھ پر حیرت اور

جھنجلاہٹ کا ایک عجیب ملا جلا ساغلبہ طاری ہوگیا کہ 'غالب ان لندن' تو خاکسار کا قلم برداشتہ ہے تو پھر کس طرح اُن فلاں صاحب کے کھونٹے چڑھ گیا۔لیکن بے بسی نے جلد ہی ایک عذرِ تاویل گھڑ کے منتشر حواس کو مجتمع کر دیا کہ یہاں تو یارانِ طریقت عموماً نثری سرقے کو بھی شعری توارد خیال کے چوکھٹے پر کھینچ تان کر چسپاں کر دیتے ہیں جس کا کوئی محاسبہ نہیں ہوتا۔سلطان بھائی ڈرامے اور ڈرامانگار کی رطلب اللسانی میں محو ہو گئے اور میں شکریے کے ساتھ رخصت ہو گیا۔اس کے بعد سلطان بھائی سے ملاقات نہیں ہوئی۔اور جب ہوئی تو طویل عرصے بعد ایک مقامی مشاعرے میں۔جہاں موصوف مہمانِ خصوصی کی حیثیت سے براجمان تھے اور میں انھیں کے قریب کرسیِ صدارت پر چپکا ہوا تھا۔علیک سلیک کے بعد احساس ہوا کہ قبلہ سلطان بھائی کا ضعفِ یاد داشت پھر زور دکھا گیا۔میں نے بڑے اشتیاق سے پہلی ملاقات،تعلیم بالغان اور غالب اِن لندن وغیرہ وغیرہ کا ذکر چھیڑا تو اُنھوں نے نہایت ہی خندہ پیشانی سے سر ہلا کر خاموشی اختیار کر لی۔لیکن ان کی یاد داشت کا یہ المیہ اس کے بعد بہت جلد ہم دونوں کے لیے ایک دل چسپ پیش رفت کا موجب ہوا اور مشاعرے والی تجدید ملاقات مستقبل کے لیے نہایت ہی پائدار ثابت ہوئی ۔دیکھا جائے تو آغازِ روابط کی بتدریج استواری کا سارا بوجھ ہم دونوں کے کرم فرما عقیل دانش کے کندھوں پر آویزاں ہے جو میرے لیے خصوصاً ہر مقام پر ہراول دستے کا کارِ نیک انجام فرماتے ہیں۔یوں کہیے وہ میرے مربی ہیں۔مربی سے نہ جانے کیوں معاً 'مربہ(آملہ)' کا خیال دامن گیر ہو جاتا ہے اور کیوں نہ ہو سچ تو یہ ہے عقیل صاحب کے اخلاق ومحبت میں دانش کے ساتھ ساتھ مربے کی سی چاشنی اور حلاوت بھی بدرجۂ اتم کارفرما رہتی ہے۔

یہ قبلہ عقیل صاحب ہی کی دانش کا کمال ہے کہ انگلستان میں برپا ہونے والی ہر شعر و سخن کی بور سے بور محفل بھی ان کے حسنِ کلام و نظامت کی شادابی سے باغ و بہار بنی

رہتی ہے۔ ان کی جس پر عنایات کی بارش، بے موسم بھی ہو جائے تو اس کی طبع خشک میں جوشِ روانی بر پا ہو جاتا ہے۔

آمدم برسرِ مطلب؛ بات دراصل سلطان بھائی سے دوسری ملاقات کی چلی تھی۔ جس کی وضاحت میں عقیل دانش کا ذکر نکلنا لازم و ملزوم کی حیثیت رکھتا ہے۔ پس پھر اکثر شعر وسخن کی انجمنوں میں عقیل صاحب کے زیرِ سایہ سلطان بھائی سے ملاقاتیں ہوئیں، صحبتیں رہیں، ساتھ بیٹھے اُٹھے اور ہنسی مذاق کا دور جاری و ساری رہا اور بسا اوقات لندن سے باہر مشاعرے کی شرکت کے سلسلے میں بھی ہم سفر ہونے کا لطف حاصل ہوا۔

سلطان بھائی اپنے تمام حلقۂ احباب میں بصد عزت و احترام مقبول و معروف ہیں۔ ان کے مزاج میں حلم و تحمل اور حسن ظرافت کا دلچسپ امتزاج ہے۔ محترم فروغِ علم و ادب کے پیشِ نظر داد و ستد میں کبھی بخل سے کام نہیں لیتے۔ ان کی یہی فراخ دلی میرے خیال میں ان کی ہر دل عزیزی کا بنیادی ستون ہے۔ بیشتر مبتدی شعرا کے لیے بذاتِ خود کلام لکھ کر ان کی حوصلہ افزائی فرماتے ہیں۔ اِس کارِ خیر میں کسی نوع کی جلبِ منفعت ان کے لیے ایک ثانوی حیثیت رکھتی ہے۔ ان کے ایک باوثوق واقف کار سے روایت ہے کہ ایک دفعہ موصوف کے کسی شاگردِ رشید نے استاد کی عطا کردہ غزل کے کسی مصرعے کو بھرے مشاعرے میں بے وزن اور بے بحر کر دیا۔ استاد نے ہر چند داد و ستائش کے پردے میں مصرعے کی تصحیح کرنا چاہی لیکن بقولِ شاعر:

ع ۔ اُلٹی ہو گئیں سب تدبیریں۔۔۔۔۔

شاگرد کو جس قدر اشارتاً داد دیتے شاگرد اسی قدر مصرعے کو بے بحر اور بے وزن کرنے میں کوشاں ہو جاتا۔ آخرِ کار استاد نے بڑی خندہ پیشانی سے پسپائی تسلیم کر لی لیکن مجال تھی کہ ان کی ابروئے ادب پر خفگی کی ذرا بھی کوئی شکن نمودار ہوتی۔ تو یہ ہے ہمارے ہر دل عزیز سلطان بھائی کی بے لوث طبع اور درویشانہ خلوص و ایثار کا اعجاز۔ یہی سبب ہے کہ نو

آموزسخن ور اکثر ان کی مریدی کے سحر میں باآسانی گرفتار ہو جاتے ہیں۔ ان کے ایک قریبی دوست راوی ہیں کہ ایک دفعہ رسمِ سہرا بندی کی طرح ایک نو آموز یے نے تلمیذ الرحمن کے منصب پر فائیز ہونے سے قبل استاد کے سر پر عمامہ بندی کی دیرینہ رسم کو دوبارہ زندہ کیا اور اس طرح اس کا تیر مدعا ہدفِ مراد تک پہنچا۔

حقیقت دراصل یہ ہے کہ ہمارے سلطان بھائی اس قدر سادا اور شریف النفس واقع ہوئے ہیں کہ وہ کسی کی بھی دل آزاری پسند نہیں کرتے۔ شاید اس لیے کہ :

ع ۔ دل شکستن کہ بدترین گناہست

سلطان بھائی کا تعلق ایک خاص ادبی خانوادے سے ہے۔ تقسیمِ ہند کے بعد وہ پاکستان منتقل ہو گئے اور وہاں انھوں نے ادب وفنونِ لطیفہ سے متعلق کچھ شعبوں میں نہایت خلوص اور انہماک سے کام کیا۔ لیکن ان کی شعر گوئی کو ایک نمایاں حیثیت حاصل ہوئی۔

۱۹۶۰ء کے اطراف میں لندن تشریف لے آئے اور پھر ہمیشہ کے لیے یہیں کے ہو کر رہ گئے۔ مصور ہونے کے ناتے ان کی زندگی ہر دم جمالیاتی اقدار کی آب تاب سے سرشار رہی ہے۔ خلوص، نفاست، خوش پوشاکی، حسن و جمال سے اہتزاز اور نشاط انگیزی یہ سب غالباً ان کے طرزِ حیات کے فطری اجزا ہیں جو ان کے کے ملنے والوں کو پہلی ہی ملاقات میں متأثر کرتے ہیں۔ شاید اسی لیے ان کا حسنِ انتخاب سوئیزرلینڈ کی ایک خوب رو خاتون پر مرکوز ہوا جن کو بعد میں انھوں نے اپنی شریکِ حیات کے لیے منتخب کر لیا اور ان کا نام سمینہ تجویز کیا جب ان سے کسی نے مشورتاً استفسار کیا کہ جناب اس معاملے میں نام سے کیا کام؟ تو بے ساختہ بول اٹھے جب اس طرح کا کام کریں گے تو نام تو صاحب! پہلے ہوگا اب عالم یہ ہے کہ جب ان کے کچھ قریبی بے تکلف دوست احباب حسن و جمالیات کے موضوع پر تذکرہ کرتے ہوئے ان سے تفریح لینے کی خاطر اگر پوچھ بیٹھتے ہیں کہ جناب اب تو صرف

نام ہی سے کام چلتا ہوگا؟ تو موصوف اپنی پیرانہ سالی کو ملحوظ رکھتے ہوئے بے اختیار کہہ اُٹھتے ہیں

ع۔ اب عناصر میں اعتدال کہاں

سلطان بھائی آج کل زیرِعلاج ہیں۔ان کی علالت بدقسمتی سے ان کی یادداشت کے درپے ہے۔ویسے بھی پچھلے ایک عرصے سے ان کا حافظہ کم زوری کے مراحل سے گذر رہا تھا۔عرصہ پہلے ہم کچھ احباب ان سے ملنے ان کے گھر گئے۔سمینہ بھابی نے بتایا وہ کچھ ہی روز ہوئے ہسپتال سے لوٹے ہیں۔سلطان بھائی اسی خلوص ومحبت سے ملے جو ان کی تہذیب کا ہمیشہ شعار رہا ہے ۔ان کے چہرے پر علالت کے سبب ضعف ونقاہت کے آثار نمایاں تھے تاہم ان کی گفتگو شگفتگی،خلوص اور ظرافت کی انھیں قدروں سے مملو تھی جو ہمیشہ ہوتی ہے۔

رخصت ہونے سے پہلے ہم نے ان سے کچھ سننے کی فرمائش کی۔حسبِ عادت انھوں نے اپنے دوستوں کی بات رکھ لی،راضی ہو گئے۔بھابی نے بیاض لا کر دی اور سلطان بھائی نے اپنے کلام اور ترنم دونوں سے ہمیں محظوظ ہونے کا موقع دیا۔ہم نے اس کے بعد اجازت چاہی۔سمینہ بھابی بے حد شکر گذار تھیں کہ اس طرح دوستوں کے ساتھ مل بیٹھنا سلطان صاحب کی صحت وعلالت کے لیے ہزار علاج ومعالجے سے بہتر ہے۔ہم نے فوراً اسی طرح سے ہمیشہ ملنے کا صدقِ دل سے وعدہ کرلیا اور سلطان بھائی سے گلے لگ کر رخصت ہونے کی اجازت چاہی۔اس ملاقات کے بعد میں اکثر سمینہ بھابی کے بارے میں سوچتا ہوں کہ اپنے شوہر کے لیے ان کے دل میں وفا شعاری،ایثار اور خلوص ومحبت کے کس قدر عظیم جذبات ہیں۔مغربی معاشرت کی پروردہ ایک ایسی خاتون کا وجود فی زمانہ نہایت ہی نایاب اور کمیاب ہے۔سلطان بھائی بہر حال اس معاملے میں قابلِ صد رشک ہیں۔

لندن کے مشاعرے سلطان بھائی کے قدر شناساؤں کے لیے ان کی عدم شرکت کے سبب اکثر سونے سونے سے لگتے ہیں گو کہ سمینہ بھابی بڑی ہمت سے کچھ قریبی مقامی مشاعروں میں شرکت کے لیے معذور کرسی پر بٹھا کر لے جاتی ہیں لیکن افسوس سلطان بھائی کی علالت اور ضعیفی اکثر ان کے شعری ذوق وشوق میں مخل ہو جاتی ہیں۔

موصوف کی شاعری ان کی شخصیت کی ہو بہو آینہ دار ہے۔ان کی طبیعت میں جس طرح سادگی، اخلاص، جمالیاتی نشاط اور انسانی دکھ درد کوٹ کوٹ کر بھرے ہیں بعینیہ ان کی شاعری بھی انھیں انسانی جذبات کی عکاسی کرتی ہے۔ان کا کلام سادہ دل نشین اور تعقیدِ لفظی ومعنوی کے نمائشی اسلوب واظہار سے مبرا ومنزہ ہے۔اور یہی قابل امتیاز وصف ان کی شعری توانائی کا باعث ہے۔ چھوٹی چھوٹی بحریں، سادہ و آسان الفاظ اور جمالیاتی تغزل ان کی سخن گوئی کے اجزائے ترکیبی ہیں جن کی برجستگی سننے اور پڑھنے والوں کے دل میں فوراً گھر کر جاتی ہے۔ یوں محسوس ہوتا ہے کہ کوئی سامعین سے بے تکلف محوِ گفتگو ہے دراصل سہل ممتنع کے مبادیات میں یہ وصف بھی ضروری ہے جو ان کی بیشتر غزلوں میں نمایاں ہے۔

بس ہم سبھوں کی یہی دعا ہے کہ خداوندِ کریم انھیں جلد شفایاب کرے تا کہ ہم اردو زبان بولنے والے تارکان وطن کو اس غربت کدے میں ان کے کلام اور ان کی ذات سے فیض یاب ہونے کے مواقع نصیب ہوتے رہیں۔

نوٹ: سلطان بھائی سے اس آخری ملاقات کے کچھ عرصے بعد ایک دن صبح معلوم ہوا کہ ہم سبھوں کے پیارے سلطان بھائی اپنی علالتِ طبع کے باعث ہم سبھوں سے ہمیشہ کے لیے بچھڑ گئے۔ہم تمام دوست احباب کو ان کے انتقال کی اس پُر ملال خبر کو سن کر بے حد صدمہ ہوا۔خداوند کریم کو اُن کو اپنے جوارِ رحمت میں جگہ عطا فرمائے۔سمینہ بھابھی نے دل وجان سے شب وروز آخر دم تک اُن کی عیادت میں کوئی دقیقہ فروگذاشت نہیں کیا۔اللہ اُن کے درجات بلند کرے۔آمین۔

پرانے یار سب کھوئے
کہاں تک آنکھ غم دھوئے

■■

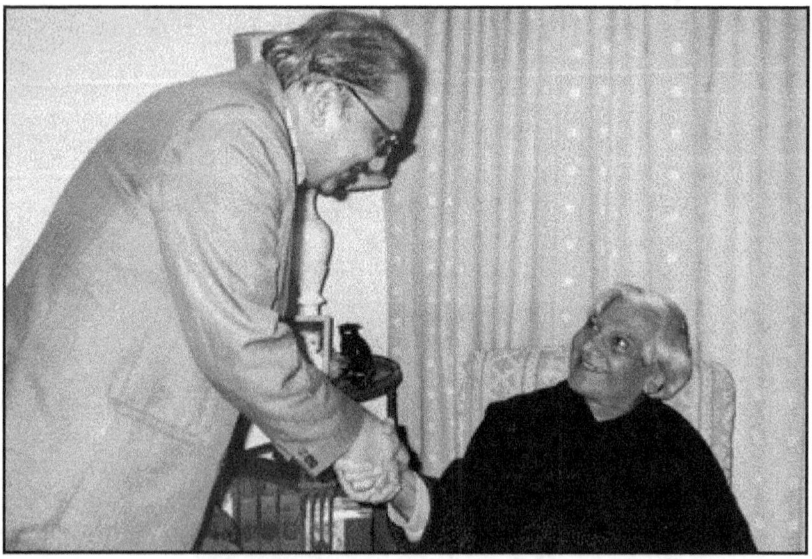

مرحوم سلطان فاروقی اور رفعت شمیم

عقیل دانش

(برطانیہ کے استاد الشعرا)

(۲۰۱۴ء میں لندن میں عقیل دانش صاحب کے پیرایۂ اظہار کی تقریبِ اجرا پر پیش کیا گیا)

ایک طویل عرصے سے میں اس دن کا منتظر تھا کہ کب ہمارے محترم و مشفق عقیل دانش صاحب کا شعری مجموعہ زیورِ طباعت سے آراستہ ہو کر منظرِ عام پر آئے اور میں ان کی تقریب میں شریک ہو کر اپنا خراجِ عقیدت پیش کرسکوں سو خدا خدا کر کے 'پیرایۂ اظہار' کی شکل میں آج غریب کی مراد پوری ہوگئی۔اسی لیے آج ہم سب یہاں اپنے اپنے حصے کے جذباتِ عقیدت اپنی شناسائی کے ظرف کے مطابق عقیل صاحب کی خدمت میں پیش کرنے کے لیے حاضر ہوئے ہیں۔کہ بقول استاد؛

لفظ مل جائیں تو عرضِ ہُنر ہو دانش ڈھونڈتے پھرتے ہیں پیرایۂ اظہار ابھی

عقیل صاحب سے میرا سب سے پہلا غائبانہ تعارف درحقیقت میرے برادرِ نسبتی مرحوم انور خالد کے ذریعے ہوا انور خالد یعنی بھائی بی بی سی کی اردو نشریات کے پروڈیوسر رہ چکے تھے جو بعد میں روزنامہ آواز میں مدیر کی حیثیت سے فائز ہوئے۔یہ ان ہی دنوں کا قصہ ہے جب کہ بھائی اردو درس و تدریس کے ایک ادارے اجالا کی کسی شعری نشست میں مجھے سامع کی حیثیت سے لے گئے۔نشست اپنے آخری مرحلے پر تھی کہ بھائی اسٹیج پر پہنچے اور اپنا

کلام سنا کر نیچے اتر آئے۔ جیسے ہی پروگرام کے اختتام پر ہال سے باہر نکلے تو ایک صاحب شیروانی میں ملبوس دوڑے ہوئے تشریف لائے۔ جنھوں نے نہایت ہی راز دارانہ لہجے میں پُر تکلف انداز سے ایک لفافہ پکڑا دیا۔ بھائی نے مسکرا کر چپکے سے لفافہ جیب میں ڈال لیا مگر میں تھا کہ تجسس کے مارے مرا جا رہا تھا کہ الٰہی یہ ماجرا کیا ہے؟ چنانچہ بار بار کریدنے پر انکشاف ہوا کہ لفافہ دینے والے حضرت اسی تعلیمی ادارے اجالا کے بانی ومبانی تھے، جن کا نام عقیل دانشؔ ہے اور ان کا لفافہ انور خالد کے کلامِ بلاغتِ نظام کی پسندیدگی کا صلہ تھا۔ میں بے حد متاثر ہوا اور بھائی سے درخواست کی کہ خدا کے لیے ان لفافے والے صاحب سے میرے لیے بھی کچھ سفارش کر دیجیے کہ مجھ گم نام سے شاعر کو بھی ایسی جگہ کچھ پڑھنے وڑھنے کے لیے بلا لیا کریں، تاکہ لفافے کے ذریعے کچھ آمدنی کی سبیل ہاتھ لگ جایا کرے۔ ان دنوں سخت کڑکی کا عالم تھا۔ بھائی نے ہنس کر صرف اثبات میں سر ہلا دیا۔ یہ تھا لفافے والے صاحب کا غائبانہ تعارف۔ لیکن اس کے بعد رفتہ رفتہ لفافے کا تصور زائل ہوتا چلا گیا اور جناب عقیل دانش سے انور خالد کے ناتے بہت جلد ربط ومراسم میں اضافہ ہونے لگا۔ اُسی درمیان میرا پہلا مجموعۂ کلام 'شب گزیدہ سحر' شائع ہوا۔ بھائی اُن دنوں جنگ روزنامے سے وابستہ تھے، انھیں کے ذریعے ایک روز جنگ کا ایک پرچہ دستیاب ہوا جس میں میرے شعری مجموعے کے حوالے سے عقیل دانش صاحب کا تبصرہ چھپا تھا۔ تبصرہ کیا تھا۔ عقیل صاحب کی بے پناہ حوصلہ افزائی اور محبت کا بے دریغ اظہار تھا۔ ورنہ میں جس لائق تھا وہ میں جانتا ہوں کہ 'پھرتے ہیں میرؔ خوار کوئی پوچھتا نہیں' بہر حال اس کے بعد عقیل صاحب کی عظمت کا احساس شدت سے میرے دل میں گھر کر بیٹھا کہ موصوف کس قدر تپاک سے اپنے شاعر دوستوں کے ساتھ نہ صرف اپنی سخن ورانہ دوستی کو نبھاتے ہیں بلکہ ان کے عروض وسخن کے عیوب سے بھی عمداً صرفِ نظر کر جاتے ہیں۔ دوست آن باشد کہ گیر دوستِ دوست۔ اور اس میں قطعاً مبالغہ نہیں کہ جنابِ عقیل نے اپنے

حلقۂ احباب میں نہ جانے کتنے اردو سے شغف رکھنے والوں کا ہاتھ تھاما ہوگا اور ان کے شعری جراثیم کی نشوونما بھی کی ہوگی۔ دیکھا جائے تو لندن میں ان کے اچھے بُرے شاگردوں کی ایک اچھی خاصی بھیڑ موجود ہے جو اس بات کا اعلامیہ ہے کہ یہاں کے متشاعروں کو شاعر بنانے میں عقیل صاحب کی کس قدر بے دام و درمے محنت شامل حال رہی ہے۔ یقیناً اردو زبان و ادب کے فروغ کے لیے ہمارے محترم عقیل صاحب کی اس نوع کی ساری مساعی جمیلہ بے انتہا قابل ستایش ہیں۔

بات شاگردوں کی نکلی ہے تو اس موقع پر ایک دلچسپ واقعہ یاد آگیا جس کا ذکر میں آپ سے نہ کروں تو یہ استادِ گرامی کے صبر آزما جذبۂ ایثار کے ساتھ ناانصافی ہوگی۔ واقعہ یوں ہے کہ ایک مقامی مشاعرے میں عقیل صاحب حسبِ معمول نظامت فرمارہے تھے۔ وہاں قبلہ کے ایک شاگردِ رشید اپنی مترنم آواز میں غزل پر دادِ تحسین حاصل کرنے میں شدت سے مصروف تھے کہ اچانک شاعرِ موصوف نے عقیل صاحب کو چونکا کے پریشان کردیا۔ ہوا یہ کہ شاعرِ موصوف نے شعر کو علی الاعلانیہ اسٹیج پر بے وزن گانا شروع کردیا، بس پھر کیا تھا استادِ محترم نے بڑی فراست سے داد دیتے ہوئے شعر کو باوزن کرنے کی کوشش فرمائی تو ناخلف شاگرد نے حرفِ اضافت کے ساتھ ایسا ناروا سلوک کیا کہ شعر آناً فاناً میں بالکل بے بحر ہوکر دم توڑ گیا۔ لیکن مجال تھی کہ استاد کے ماتھے پر کوئی شکن تک نمودار ہوتی بلکہ ہنس کر سر کو جنبش دی اور خاموشی اختیار کرلی۔ مگر صاحب اس اعلاظرفی کی داد دینا چاہیے کہ استادِ محترم نے ہمیشہ اپنے شاگردوں کا نام اخفائے راز میں رکھا۔ یہ تو خاکسار کی تحقیق تھی کہ راز کو بالآخر طشت از بام کرکے دم لیا۔ تو یہ ہے صحیح معنوں میں ہمارے عقیل صاحب کی فراخ دلی اور اردو نوازی جو فی زمانہ عنقا ہیں۔ یہ عقیل صاحب ہی کا کمال ہے کہ انگلستان میں منعقد ہونے والی ہر شعر وسخن کی بور سے بور محفل بھی آپ کے حسنِ کلام اور زورِ نظامت سے باغ و بہار بنی رہتی ہے۔ خادم بغیر کسی شاعرانہ تعلّی کے یہ بہ بانگِ دہل کہ

سکتا ہے کہ ان کی جس پر عنایات کی بارش بے موسم بھی ہو جائے تو اس کی طبع خشک میں دریائے فکر ٹھاٹھیں مارنے لگتا ہے۔ میں مجسم اس قول کی عبرت ناک تصدیق ہوں ؛

'میری سنو جو گوشِ حقیقت نیوش ہے'

سچ تو یہ ہے کہ اس دیارِ غیر میں مشاعرے برپا ہونے کے معائب اور محاسن سے میری جان کاری بلاشبہ ان کی ہی اردو آبیاری اور ادبی زراعت کا کرشمہ ہے۔ اب یہ عالم ہے کہ عقیل صاحب نہ صرف ایک محترم بے تکلف محب گرامی ہیں بلکہ میرے لیے مشاعرے کی ساری سیاست میں ایک دور اندیش راہ بر اور مجرّب کرم فرما سے بھی بڑھ کر ہیں۔ ان کی ادبی عنایات مجھ پر اتنی شامل حال رہتی ہیں کہ وہ کبھی از راہِ لطف و کرم کسی بزمِ سخن کے صدر کا منصب مجھے دلوا دیتے ہیں یا کبھی کسی مشاعرے میں مہمانِ خصوصی کی مسند پر چڑھوا دیتے ہیں۔ محترم جب بھی ناچیز کے لیے یہ کارِ خیر انجام دیتے ہیں تو بڑے فخر و مباہات سے اپنی ایک اصطلاح کا استعمال کرتے ہوئے مجھ سے اس طرح مخاطب ہوتے ہیں، ''بھائی میں نے ایک جگہ آپ کے لیے ڈول ڈال دیا ہے۔ آپ کو بعد میں بتاؤں گا۔'' شروع شروع میں تو یہ اصطلاح میرے سر سے گزر جایا کرتی تھی لیکن رفتہ رفتہ اس ضلع جگت کے در و بست مجھ پر وا ہو گئے کہ اردو کی یہ اصطلاحِ لفظی کس قدر بلیغ اور جامع ہے۔ اس میں شبہ نہیں کہ بھائی عقیل جب مہربان ہوتے ہیں تو اپنے دوست و احباب کو بلا امتیازِ اہلیت اور استعداد اسی طرح ہمیشہ نوازا کرتے ہیں۔

'خدا بخشے بہت سی خوبیاں ہیں جینے والے میں'

یہ جو کچھ میں نے یہاں بلا کسی لاگ کے بیان کیا ہے وہ سارے کے سارے اوصافِ حمیدہ کے زمرے میں شمار ہوتے ہیں جو بلاشبہ عقیل صاحب کے علم و دانش کے اجزائے منتشر ہیں جن کو ملا کر ان کے حسنِ اخلاق، ادبی خدمات اور کشادہ قلبی کی ایک واضح تصویر ہمارے سامنے اجاگر ہوتی ہے۔ مجھ سے پہلے کئی مقرر صاحبان بڑی فراخ دلی سے ان کے

تمام علمی اور ادبی معرکوں کو بیان کر چکے ہیں اس لیے میں اب ان کو دہرانا ضروری نہیں سمجھتا تاہم آخر میں اتنا ضرور عرض کروں گا کہ عقیل صاحب کی شخصیت کا جو ایک خاص الخاص پہلو بادیِ النظر سے اوجھل ہے اس کا میں یہاں بڑے ادب سے اظہار کرنا چاہوں گا کہ ہمارے عقیل صاحب اپنی ازدواجی زندگی کے سلسلے میں ماشااللہ ایک قابل رشک تجربہ کار شوہر بھی ہیں لیکن کچھ یارانِ طریقت ایسے بھی ہیں جو تفریح لینے سے باز نہیں آتے چنانچہ جب بھی استاد کے گھر ان کے قریبی دوست احباب مل بیٹھتے ہیں تو کوئی نہ کوئی شگوفہ ضرور چھوڑتے ہیں ۔ان میں سے ایک ریٹائرڈ بنک کار ہیں جو اکثر اپنی بذلہ سنجی اور ظرافت سے بھرپور گفتگو کے ذریعے ساری محفل کو زعفران زار بنانے میں طاق ہیں قبلہ اکثر سیاق وسباق کے بغیر اس طرح گفتگو جاری رکھتے ہوئے سنائی دیتے ہیں: جناب جب شوہر نے اپنی نئی نویلی بیوی کو دیوار کی الگنی پر ٹنگے ہوئے سابقہ مرحوم ازدواج کے دوپٹوں کی جانب اشارہ کیا تو بقیدِ حیات بیوی نے گھور کر دیکھا اور پھر صبر واستقلال کا مظاہرہ کرتے ہوئے مسکرا کر جواب دیا۔آہ، میاں !اب کے دوپٹہ نہیں شیروانی ٹنگے گی شیروانی۔

لیکن سچ تو یہ ہے کہ بھائی عقیل اور بھابی کے مابین جو ازدواجی ایثار ومحبت اور مفاہمت کا ازلی رشتہ قائم ہے وہ فی زمانہ مغربی معاشرے میں آٹے میں نمک کے برابر بھی نہیں ہے۔ان کی شخصیت کا بے شک یہ بھی ایک قابل تعریف اور قابل ذکر کارنامہ ہے۔ یہ درجاتِ بلند بہت کم دانشوروں کو نصیب ہوتے ہیں :۔

’ہر مدعی کے واسطے دارورسن کہاں‘

آخر میں پیرایۂ بیان کے چمن فکروسخن سے جو خوشہ چینی کی ہے، اسے نذرِ خدمت کرنا چاہوں گا کہ بقول حضرتِ سودا:۔ اے خانہ برانداز چمن کچھ تو ادھر بھی

تو لیجیے ۔

ہجومِ یادِ دلداراں سلامت
میں تنہا ہوں مگر تنہا نہیں ہوں

بچے بد بھی ہوں بھی ہوں تو ماں سینے سے لگا لیتی ہے
ماں کے انداز میں اندازِ خدا ملتا ہے

سنگ باری گھر سے شیشے کے ہو لیکن سوچ کر
لوٹ بھی آتے ہیں دیواروں سے پتھر دیکھنا

محفل کتنی دیر کی ہے اور کب تک دے گی ساتھ
اپنی سچی ساتھی تو بس اک تنہائی ہے

سر قلم جو راہِ حق میں ہو قلم ہو جائے گا
ہر در و دیوار پر اُگ آئیں گے سر دیکھنا

آئینہ پہ دھیان نہ دینا آئینہ جھوٹا ہے
سیدھا لکھا ہوا ہو تو اس کو الٹا پڑھتا ہے

وہ لوگ قوموں کا ہے خون جن کی گردن پر
نگاہِ خلق میں وہ آج بھی مہذب ہیں

پیاسی زمیں کو اور بھی ترسا کر چل دیے بے گانگی ابرِ گہر بار دیکھنا
آپ دانش چلے آتے ہیں مثالِ خورشید سچ بتا دیجے کہ یہ رات کہاں گزری ہے
جانے کب ہو گی زمانے میں اَلم کی پُرسش کوندتی پھرتی ہے اعصاب میں تلوار ابھی

■■

باسطؔ کانپوری

کافی عرصے قبل کسی مقامی مشاعرے میں جب پہلی بار مجھے باسطؔ صاحب کو سننے کا اتفاق ہوا تو میرے آگے معاً ان کی شخصیت کے دو اہم پہلو ہم دست و گریباں نظر آئے۔ ذہن خواہ مخواہ اس الجھن میں مبتلا ہو گیا کہ یا رب یہ حضرت ماشاء اللہ شاعر ہیں یا کوئی خوش گلو گویے ؟لیکن بعد میں ان سے جب ملنا جلنا بڑھا اور چند نجی محفلوں میں قریب سے ان کو سنا تو اپنے جاہل ہونے پر شدید افسوس ہوا۔لیکن بہت جلد ہی رفتہ رفتہ یہ منکشف ہونے لگا کہ محترم باسطؔ کانپوری، ہندوستان کے کانپور، پاکستان کے کراچی اور انگلستان کے لندن، ان تینوں شہروں کی تہذیبِ سخن کی ایک ایسی فرحت بخش معجونِ مرکب ہیں جو فکر و سماعت کے لیے حد درجہ مقوی ہے۔اس تعارفی تمہید میں قدرے بے تکلفی در آئی ہے لیکن حقیقت یہ ہے کہ ہمارے دل عزیز باسط نہ صرف ایک عمدہ مقبول شاعر ہیں بلکہ ایک دل نشین مترنم آواز کے بھی حامل ہیں۔ یہی سبب ہے کہ لندن کے گرد و نواح میں جب کوئی مشاعرہ منعقد ہوتا ہے تو لوگ باسط صاحب کو سننے کے لیے کچے دھاگے سے بندھے چلے آتے ہیں اور روئی کی جگہ سر دھنتے ہیں۔

میں یہاں فخر سے عرض کرنا چاہوں گا کہ مجھے باسط صاحب کی رفاقت کا شرف حاصل ہے چنانچہ ان کی زندگی سے متعلق چند نمونے جو اس موقعے پر میں آپ کے سامنے پیش کرنے کی جرأت کروں گا جو محض میری حلفِ وفاداری کے ہی ضامن نہیں ہیں بلکہ ان میں میری یہ ناتمام کوشش بھی شامل ہے کہ میں موصوف سے متعلق کچھ ادبی اور نیم ادبی

قسم کے حقائق کا بھی انکشاف کرسکوں۔ حقیقت میں باسطؔ صاب کی شاعرانہ صلاحیت کی تربیت میں ان کے ہی خانوادے کے چند معروف بزرگوں کا اچھا خاصا اثر ونفوذ رہا ہے۔ مثلاً اردو کے عظیم شاعر حسرتؔ موہانی کے ہاتھوں ان کی رسمِ بسم اللہ عمل میں آئی۔ اور اپنے بزرگ نانا ساحلؔ بلگرامی کے فکری اثرات سے انھوں نے غزل کی شعری روایات کا ادراک کیا یعنی یہ سلطنت دست بدست آئی ہے۔

باسط صاحب کانپور میں پیدا ہو کر جب سن بلوغ تک پہنچے تو کسی نے از راہِ مذاق کہا کہ میاں آپ کو پاکستان میں جگہ نہیں ملی جو آپ یہاں وارد ہو گئے۔ یہ بات انھیں ایسی کھلی کہ حضرات اس کے بعد ء کے ۱۹۶۰اطراف میں پاکستان ہجرت فرما گئے۔ خیر مذاق برطرف۔ باسط صاحب نے اپنی بتدائی تعلیم کانپور کے مشہور اسکول کرائسٹ چرچ سے مکمل کی۔ اسکول ہی کے زمانے سے باسط پڑھائی میں کم اور اپنی گلوکاری کے میدان میں زیادہ مقبول ہوئے۔ اسکول میں منعقد ہونے والی تمام تقریبات میں باسط بڑھ چڑھ کر حصہ لیتے اور ان کے ترنم کی زبردست پذیرائی ہوتی۔ کہتے ہیں اوائل عمری کا عالم تھا لیکن کلاس ٹیچر پر ان کی آواز کی ایسی دھاک بیٹھی ہوئی تھی کہ اسکول کے ہر پروگرام میں خصوصاً نہرو جینتی وغیرہ کے موقعوں پر ان سے ہمیشہ قومی نظمیں اور غزلیں گوائی جاتیں۔ یہی وجہ ہے کہ جب پاکستان جا کر کراچی یونی ورسٹی میں داخلہ لیا تو اُس دوران انھیں اکثر پاکستان ریڈیو کی جانب سے غزل خوانی کے مقابلے میں شرکت کا موقع دستیاب ہوا جہاں ان کو ہمیشہ بیسٹ سنگر کے اعزاز سے نوازا گیا۔ اس طرح بقول باسط پوت کے پیر پالنے میں ہی نظر آنے شروع ہو گئے اور روشن مستقبل کے لیے راہ بھی ہموار ہوگئی۔ انھوں نے اکنامکس میں گریجویشن کیا اور جب تعلیم ختم کی تو خوش قسمتی سے انھیں بنک کاری کے شعبے میں ایک اچھی خاصی ملازمت ہاتھ لگ گئی۔ جس نے انگلستان میں آباد ہونے کا انھیں ایک شاندار وسیلہ فراہم کیا۔ آخر کار وہ لندن آ کر کچھ عرصے بعد بی سی سی آئی بینک سے منسلک ہو گئے اور

اس طرح روٹی تو کما کھائے کسی طور پر مچھندر کی ضرورت بھی حسن وخوبی کے ساتھ پوری ہوگئی۔

اب ۱۹۶۹ء سے باسط صاحب لندن میں مقیم ہیں اور بزم ہائے شعروسخن میں اپنے سوزِ کلام اور زورِ آواز سے عوام الناس میں اپنی مقبولیت کا جادو جگا رہے ہیں۔کسی نے کیا خوب تک بندی کی ہے۔ملاحظہ ہو:

جب سے ملے ہیں باسط بڑھنے لگے روابط
کیوں کر غزل ہو ان کی یارو بحر سے ساقط
زورِ گلو ہے جب تک شاعر قوی ہیں باسط

لیکن سچ تو یہ ہے اور میں تہہ دل سے اعتراف بھی کرتا ہوں کہ باسط صاحب کے کلام میں تغزل کی ہلکی پھلکی کلاسکی شان کے علاوہ لکھنوی مکتبِ فکر کی روایات کا ایک دلکش مترنم امتزاج بھی کارفرما ہے۔

چنانچہ آج کی شام اس رنگ برنگے پروگرام کی محفل کا ایک حصہ باسط اور ان کی غزل گوئی کی پذیرائی کے لیے مخصوص ہے اور اس کارِ خیر کے لیے ہمارے مصطفی شہاب بغیر کسی تکلف کے قابل مبارک باد ہیں کہ جوہر را جوہری می شناسد یعنی باسط جوہر اور مصطفی جوہری ماشاءاللہ کتنی رفاقتوں کے بعد یہ گٹھ جوڑ قائم اور زوردار ہوا ہے اور اس سے کس کو انکار ہے کہ ہم سبھی کے نہایت ہی پُرخلوص شریف النفس باسط صاحب کی شاعرانہ شخصیت ایسی دل نواز ہے کہ جس میں فکروادب اور ساز ونغمہ کے کئی جواہر پارے دمک رہے ہیں۔ابھی حال ہی میں آپ کی چند غزلوں کی سی ڈیز منظرِ عام پر آئی ہیں جن کو ہندوستان کے معروف گلوکار رادھیکا چوپڑہ اور سبھاش آنند نے اپنی سحرانگیز آوازوں میں پیش کیا ہے جو بلاشبہ سننے سے تعلق رکھتی ہیں۔

آخر میں عرض ہے کہ آج سوفی کی جانب سے باسط کانپوری کے دل گداز کلام اور ان کی

نغمہ ریز آواز کی یہ نشست ہماری فکر و سماعت کے واسطے اس طرح ہے جیسے کانوں میں کسی نے رس گھول دیا ہو۔ مجھے یقین ہے جس کے ذریعے سامعین کرام بے دریغ محظوظ ہوں گے۔

(مجھے اب اس وقت یہ بتاتے ہوئے بے حد دکھ ہو رہا ہے کہ ہم سبھوں کے دل عزیز باسطؔ صاحب پچھلے کئی برسوں سے اسٹروک کے بعد غیر متحرک زندگی گزار رہے ہیں۔ ان کے لیے بغیر کسی کے سہارے گھر سے باہر نکلنا ناممکن ہو گیا ہے۔ باسطؔ لندن کے مشاعروں اور ادبی محفلوں کی رونق تھے۔ مشاعرے ان کی عدم موجودگی سے بے سُرے سے ہو کر رہ گئے ہیں۔ بزمِ سخن اور دیگر ادبی انجمنوں کے پروگرام میں جانے سے میرا بھی اب جی اچاٹ ہو گیا ہے۔ جب باسط ہی ساتھ نہیں تو پھر واقعی:۔

''کیا لطف انجمن کا جب دل ہی بجھ گیا ہو''

ہم سب ان کے احباب اللہ تعالیٰ سے دعا گو ہیں کہ وہ صحت یاب ہو جائیں اور کسی طور مشاعروں اور دیگر ادبی مجلسوں میں کم از کم شامل ہو سکیں۔

■■

باسط کانپوری اور رفعت شمیم

علامہ عادلؔ فاروقی

(شعروادب کے ایک پُر رعب تخلیق کار)

محترم عادل فاروقی صاحب سے میرا ابتدائی تعارف کسی مقامی مشاعرے میں ایک شاعر کی حیثیت سے پہلے کچھ یوں ہی سرسری انداز سے پیش آیا لیکن بعد کی کئی ملاقاتوں میں یہی ابتدائی تعارف موصوف کی مکمل شخصیت کے عرفان کا پیش خیمہ ثابت ہوا۔ اور پھر عادل فاروقی صاحب رفتہ رفتہ ایک علامہ کی حیثیت سے مجھ پر منکشف ہونا شروع ہو گئے۔ مجھے فخر ہے کہ یہ عمل ہنوز بتدریج جاری وساری ہے اور 'اشک گل' اُن کا شعری مجموعہ اُن کے تجرعلمی کی جیتی جاگتی بین دلیل ہے۔ چنانچہ اب میں بنا کسی چوں و چرا کے مولانا یا علامہ کے القابات کا سہارا لے کر بصد خلوص و محبت ان سے مخاطب ہونے میں ہمیشہ عجیب سی مسرت محسوس کرنے لگا ہوں۔ ان کی عزت و تکریم کا دبدبہ مجھ پر اس قدر حاوی ہو چکا ہے کہ جب بھی ان سے ملنے کا شرف میسر ہوتا ہے تو میں معانقے اور مصافحے کے بعد ان کی دست بوسی کا کوئی بھی موقعہ ہرگز ہاتھ سے نہیں جانے دیتا۔ اس میں قطعاً مبالغہ نہیں کہ مجھ جیسے گناہ گار کو اس طرزِ عمل سے یک گونہ اجر وثواب کی طمانیت حاصل ہوتی ہے۔ میں یہاں اس نکتے کی وضاحت بھی ضروری سمجھتا ہوں کہ مولانا عادل فاروقی صاحب سے اس درجہ عقیدت کی بنیاد محض ان کے نورانی باریش چہرے یا مولویانہ رکھ رکھاؤ اور جبّے پر قائم نہیں ہے بلکہ ان کی بھرپور علمی ادبی اور اخلاقی شخصیت کے وہ عناصر ہیں جن کا تاثر میرے

اظہارِ بیان میں بکثرت در آیا ہے چنانچہ سامعین کی اس بدگمانی کا میں بروقت ازالہ کرنا چاہوں گا کہ عادلؔ فاروقی صاحب کی باوقار شخصیت کی عکاسی کے لیے جس پیرایۂ اظہار کو میں نے یہاں اختیار کیا ہے وہ دراصل اخلاص و حقیقت پر مبنی ہے اس میں کسی غلو کا کوئی شائبہ تک نہیں ہے۔

یوں تو ہر تنگ نظر موصوف کو قریب سے بغیر جانے پہچانے بلاشبہ ان کی ہیئت کزائی سے مغالطے کا شکار ہو سکتا ہے اور اس پر طرفہ تماشا یہ کہ جب اسے اس بات کا علم ہوتا ہے کہ آپ کا تعلق جھنگ سے ہے تو کئی کالعدم تحریکوں کے افراد کا غیر عقلی تصور اس کے ضعیف سطحِ ذہن پر مرتسم ہونے لگتا ہے۔ میں بھی بذاتِ خود اس کج فہمی اور کم عقلی کے عذاب سے گزر چکا ہوں لیکن شکر ہے کہ میں بہت جلد مشرف بالایمان ہو گیا۔ اب تشبیب کے اس مضمون سے گریز کی جانب رجوع ہونا چاہوں گا۔ اس میں شبہ نہیں کہ اردو کے عروج و زوال کے ہر دور میں شاعری کا شعبہ ہمیشہ مقبول عام رہا ہے اور آج بھی اردو زبان و ادب کے عہدِ انحطاط میں ہمارے شعرائے کرام کا ایک جمِ غفیر پروان چڑھتا نظر آتا ہے جو بلاتفریق مذہب و قوم اپنی اچھی یا بری شعری تخلیقات کے ذریعے بہر حال اردو سے لگاؤ قائم رکھنے میں کوشاں ہے۔ میرے ناقص خیال میں کسی حد تک یہ صورتِ حال سودمند بھی ہے۔ کیوں کہ اس طرح کے ہجوم سے کبھی کبھار کچھ ایسے روشن چہرے بھی ابھر کر نمایاں ہوتے ہیں جو اردو زبان و ادب کی صحت مند بقا اور فروغ کے لیے امید کی تابناک کرن ثابت ہوتے ہیں۔ میرے خیال میں ہمارے قبلہ عادلؔ فاروقی صاحب بھی اسی زمرے میں شمار ہونے کا مجاز رکھتے ہیں۔ 'اشکِ گل' آپ کا یہ شعری مجموعہ جو ابھی حال ہی میں شائع ہو کر منظرِ عام پر آیا ہے اس کی نہ صرف دبازت اور ضخامت بلکہ اس کے مضامین کا بھاری بھرکم فکری تنوع بھی مرعوب کن ہے۔ ممکن ہے مجھے چونکہ علامہ سے ایک نسبتِ خاص ہے تو اس بات کا شدید خدشہ لاحق ہے کہ کہیں میرا کوئی تجزیاتی جملہ یا کوئی تنقیدی خیال جانب دار

اور یک طرفہ ہو کر نہ رہ جائے۔ ہوتا یہ ہے کہ جب کسی شاعر و فنکار سے عقیدت و احترام کی ایک خاص نسبت وابستہ ہو جاتی ہے تو تخلیق کار کی پیش کش پر تجزیہ ایک تقریظی اسلوب اختیار کر لیتا ہے۔ مجھ پر بدقسمتی سے فی الوقت یہی مشکل آپڑی ہے۔ ویسے سچ تو یہ ہے کہ نہ میں کوئی پیشہ ور مبصر ہوں نہ کوئی قابل اعتنا تنقید نگار اس لیے جو کچھ بھی اشکِ گل سے متعلق میں کہنے کی جسارت کروں گا اس میں کسی تنقیدی بصیرت اور تخلیقی سرچشمے کی تلاش عبث ہوگی۔ البتہ اس شعری مجموعے پر قاری کی حیثیت سے چند مختصر الفاظ میں اپنی ناچیز رائے کا احاطہ کرنے کی کوشش ضرور کروں گا۔ جس کے اظہار میں ممکن ہے مولانا کا پُر وقار رعب اور میرے علم کی کمزوری کا عمل دخل بڑی حد تک قابض ہو جائے۔ اس موقعے پر اپنے ایک ردِّعمل کا اظہار کرنا چاہوں گا کہ جب مولانا نے بہ نفسِ نفیس غریب خانے پر قدم رنجہ فرما کر اپنے دیوان سے مجھے نوازا تو دیوان کو دیکھتے ہی دل و دماغ پر ایک عجب ہیبت سی طاری ہوگئی۔ ایک تو مولانا کی بھرپور شخصیت اور پھر موصوف کے دیوان کی ضخامت میرے ہوش و حواس پر یوں مسلط ہوئی کہ میں دم بخود سا ہو گیا۔ بن نہیں پڑ رہا تھا کہ میں کس طرح ان کی تخلیقی توانائی کی مناسب تعریف کروں۔ تاہم جو کچھ انھوں نے ارشاد فرمایا سر آنکھوں پر اس کو قبول کرنے میں اپنی عافیت سمجھی اور مولانا سے وعدہ کر لیا کہ اگر بقیدِ حیات رہا اور کوئی سفر سر پر سوار نہیں ہوا تو 'اشکِ گل' پر ضرور اپنے تاثرات کے اظہار کی کوشش کروں گا۔ بس پھر اس کے بعد گہرائی اور گیرائی سے بھرپور ضخیم دیوان میرے زیرِ نظر تھا اور میں بڑے انہماک سے اس کی ورق گردانی میں جٹ گیا تھا۔ مجھے مطالعے کے دوران فرہنگِ ادب اور لغت سے اکثر استفادہ کرنا پڑا۔ خاک سار کی جتنی شعر فہمی کی استطاعت تھی، دیوان کو سامنے رکھ کر کئی دنوں تک حتی المقدور اس کو بروئے کار لانے کی ادھیڑ بن میں لگا رہا لیکن تشنگی کا یہ عالم تھا کہ سیراب ہی نہیں ہو پا رہا تھا۔ ترسیل و تفہیم کا حد درجہ قحط تھا، پھر بھی یہ سوچ کر اسی میں کچھ شائبہ خوبیِ تقدیر مخفی ہو میں نے اپنی عقلِ ناقص کو لڑا کر

اپنے ان پسندیدہ اشعار کا احاطہ کر ہی لیا جو میرے ناقص علم و عقل میں با آسانی سما گئے۔ ابتدا میں تو یوں لگا کہ جیسے میں اپنے تعلیم کے ایام طفلی میں کسی مدرسے کے امتحان ہال کے اندر بیٹھا پرچہ لکھنے کی کوشش میں سر کھجا رہا ہوں یا سر کھپا رہا ہوں۔ بہر حال اس کیفیت سے نجات پانے کے بعد یا یوں کہیے کہ اس معرکے کو سر کرنے کے بعد ایک عجب سرخ روئی کی کیفیت سے دو چار تھا، جس نے مجھے یہ سوچنے پر مجبور کر دیا کہ ’اشکِ گل‘ نے علامہ کے دیدوں سے جو خون ٹپکایا ہے وہ واقعی اردو فکر و سخن کی رنگ آمیزی اور آبیاری کے لیے ایک اجتہاد سے کم نہیں اور اب مجھ سا مبتدی بھی انتخابِ اشعار کے ذریعے اپنی انگلی کٹا کر شہیدوں میں شامل ہونے کی ہمت کر سکتا ہے۔ میرا انتخاب علامہ عادلؔ فاروقی کے ان چند فکر انگیز اشعار پر محیط ہے جو اسلامی، اخلاقی، سماجی اور فکری اقدار سے بھرپور ہیں۔ انھوں نے مذہبی تلمیحی اور عمرانی فکر و فلسفہ جیسے موضوعات کو شعری پیکر میں ڈھال کر ’اشک گل‘ میں جس فنکارانہ ہنرمندی کا ثبوت دیا ہے وہ یقیناً لائق تعریف ہے۔ اپنی بات کی تائید میں یہاں اشکِ گل سے صرف چند گوہرِ نایاب کے انتخاب پر اکتفا کروں گا۔

چند ہاتھوں میں سب وسائل کیوں
سب کو ان ہاتھوں تک رسائی دے

یہی عادل خبر کی انتہا ہے
خبر کچھ بھی نہیں ہے انتہا ہے

مجھ کو عاشق بنایا ہے تو مجھے
دامن تار تار دے مولا

دو چار یار راہ میں مل کر بچھڑ گئے
تنہا سفر پہ آیا تھا تنہا گزر گیا

حسیں جو محبت سے خالی ہے یارو
وہ چائے سے محروم پیالی ہے یارو

(کسی صاحب نے محرومِ پیالی کی ترکیبِ اضافت پر اعتراض کیا کہ پیالی ہندی لفظ ہے چنانچہ محروم کے ساتھ اضافت کا رشتہ مباح نہیں)

ہم نے تو ہر دریچے میں رکھ دی ہیں مشعلیں
آگے جو ہو وہ نور کی قسمت ہے دوستو

کس کاروانِ ناز کے ہیں منتظر یہ لوگ
اشکوں سے رہگزر پہ چراغاں کیے ہوئے

رستے میں دیکھ کر وہ تماشا گزر گیا
جلتا تھا گانو پاس سے دریا گزر گیا

طبع ہو معتدل تو ہوں یکجا
عقل اور عشق جسم و جاں کی طرح

ہیں رواں کتنے ہی عادل نامہ بر
اس نظر اور اُس نظر کے درمیاں

زندگی ہے اک ورق ورق میری
کس طرح اس کو اک کتاب کروں

در کھلا دیکھتا ہوں رحمت کا
کس گناہ کا اب ارتکاب کروں

ہوں اپنی ذات سے اکتا گیا میں
میں باہر خود سے جانا چاہتا ہوں

جہاں گردِ سفر کی تہہ جمی ہے
وہیں پر ثبت منزل کے نشاں ہیں

پسِ دیوار ہے جو کچھ، سرِ دیوار نہیں
اس خبر کو جو لگائے، وہ اخبار نہیں

میں عمر کی اس بھیڑ میں مڑ مڑ کے یہ دیکھوں
شاید مجھے بچپن سے کوئی ڈھونڈ رہا ہو

ممکن ہے مری آنکھوں میں وہ ڈال کے آنکھیں
خود اپنی ہی تصویر کھڑا دیکھ رہا ہو

ہم کہاں اکیلے ہیں
ہے ہجومِ تنہائی

میں زندگی کی راہ میں بہت دوڑتا رہا
کچھ لوگ جو چلے نہ تھے آگے نکل گئے

ایک گنہ ہوگیا تھا بھولے سے
عمر بھر توبہ کرتے گزری ہے

مرحوم رشید حسن خان

اور ان کے چند خطوط

ہم وقت کے خرابے سے لائے نکال کے
نایاب کچھ خزانے یہ فکر و خیال کے

رشید حسن خان سے بالمشافہ ملاقات کے قبل بس اس حد تک واقفیت تھی کہ وہ اردو کے ایک نہایت ہی معتبر محقق ہیں اور تحقیق وتنقید اور اس کے مسائل سے متعلق ان کے تبصروں پر میں ان کے وہ گراں قدر علمی مضامین پڑھنے کی جسارت کر چکا تھا، جو مختلف جراید ورسائل میں شائع ہوئے تھے۔ جب میں یونی ورسٹی میں زیرِ تعلیم تھا تو بی اے اور ایم اے کے اردو نصاب میں لسانیات، تحقیق وتنقید او رقواعد کے موضوعات پر انشاء اللہ خان انشا، حافظ محمود شیرانی، مولوی عبد الحق اور دتا تریا کیفیؔ جیسی دانشور مستند علمی ہستیوں کے علاوہ اردو ادب کے معروف ومعتبر ماہر لسانیات سید مسعود حسین رضوی قاضی ودود الحیؔ امتیاز علی خان عرشی، سید سلیمان ندوی اور ڈاکٹر عبد الستار صدیقی کا اس دوران مطالعہ کیا تھا(محی الدین زور، مولا نا وحید الدین سلیم اور جالبؔ مظاہری بھی کسی حد تک ان میں شامل تھے۔) طالبِ علمی کے لاابالی ایام میں جس قدر ان کو سمجھنے کی استطاعت تھی اس کو امتحان میں محض کام یاب ہونے کے لیے حتی الامکان بروئے کار لانے کی کوشش کی تھی۔ لیکن ایم اے کے بعد جب شعوری طور سے ادبی مطالعے کا ذوق پروان چڑھا تو پھر محترم الیاس

شوقی صاحب کی علمی صحبت میں لسانیات سے وابستہ مختلف موضوعات پر چند مختلف دانشوران علم و ادب کے رشحات قلم کا سنجیدگی سے مطالعہ کیا۔ یوں پہلی مرتبہ معروف ماہرِ لسانیات و تحقیق امتیاز علی خان عرشی، سید سلیمان ندوی، قاضی ودود الحیٰ، مسعود حسن رضوی اور عبد الستار صدیقی کے مدلل اور مستند بحث و تبصرے کی روشنی میں اردو کے آغاز، اس کے ابتدائی آثار و نقوش، اس سے متعلق قدیم نثری اور شعری کتب و دستاویزات کے ماخذ اور تدوین و متون سے متعلق معتبر حقائق کا نہ صرف فکر انگیز علمی انکشاف ہوا بلکہ کئی اوہام و معروضات بھی باطل ثابت ہوئے۔ ان کے علاوہ اردو لسانیات اور اس سے متعلق تحقیق اور قواعد و املا پر جن ماہرین علم و ادب نے گراں قدر کام کیے میں نے حتی المقدوران سے مستفید ہونے کی کوشش کی ان میں گیان چند جین،، ڈاکٹر حنیف علوی، شمس الرحمٰن فاروقی، مالک رام اور رشید حسن خانصاحب کے نام نامی نہایت ہی معتبر اور موقر ہیں۔ لیکن رشید حسن خان صاحب، جن کی علمی بصیرت و عظمت اس ضمن میں اپنا ایک مخصوص اور ممتاز مقام رکھتی ہے، میرے لیے مستقل سرچشمۂ فیضانِ علم ہیں۔

رشید حسن خانصاحب سے میری ملاقات اگرچہ ان کی زندگی کے آخری چند سال قبل ہوئی لیکن اس سے قبل ان کے مضامین کے مطالعے نے یونیورسٹی کے اختتام کے کچھ عرصے بعد ہی معمول کی نوعیت اختیار کرلی تھی۔ میں اس سلسلے میں الیاس شوقی صاحب کا بے حد شکرگزار ہوں کہ انھوں نے علم و ادب کی ایسی نابغہ روزگار ہستی سے مجھے ملنے کا موقعہ فراہم کیا۔ اب اُن کے مضامین کو بارہا پڑھنے اور حسبِ استطاعت سمجھنے کے بعد وہ میرے لیے ایک فکری اتالیق کا درجہ رکھتے ہیں، یعنی جب کبھی زبان و بیان کے معائب و محاسن کے فہم و ادراک میں کوئی دشواری پیش آتی ہے تو میں ان کی بے لاگ تنقیدی اور تحقیقی تحریروں سے استفادہ کرتا ہوں۔

جب پہلی مرتبہ شوقی صاحب کے توسط سے خانصاحب سے ملنے کا شرف حاصل ہوا تو

ابتدائی علیک سلیک اور رسمی خیر و عافیت کے چند نپے تلے روائتی جملوں کے سوا اتنی جسارت ہی نہیں ہوئی کہ خانصاحب سے کچھ مزید گفتگو کرسکوں ایک عجیب خوف سا ذہن پر غالب تھا کہ خدانخواستہ کوئی جملہ غلط ادا ہو جائے اور صرف ونحو اور زبان و بیان کے معائب ان کی ناقدانہ گرفت میں آجائیں۔شاید خان صاحب کو خود ہی تھوڑی دیر میں اس خاموشی کا اندازہ سا ہو گیا تاہم انھوں بڑے مشفقانہ طور سے گفتگو کا سلسلہ جاری رکھا اور پھر میں نے بھی اختصار کے ساتھ سنبھل سنبھل کے نہایت ہی محتاط لب و لہجے میں لب کشائی کی جرأت کی۔ بعد میں خان صاحب کے استفسار پر ہندوستان میں اپنے قیام، لندن میں اردو سے متعلق ادبی وثقافتی سرگرمیاں، تھیٹر سے اپنے لگاؤ اور دیگر مصروفیات وغیرہ کے سلسلے میں گاہے گاہے باتیں ہوتی رہیں۔

ممبئی میں جب خانصاحب تشریف لاتے تو ان کے اوقات نہایت مصروفیت میں گزرتے۔اس وقت انھیں کسی اور جگہ مصروفیت لاحق تھی چنانچہ ہم اس مختصر نشست کے بعد ان سے اجازت لے کر رخصت ہو گئے۔لیکن جانے سے پہلے خان صاحب کی شفقت اور حوصلہ افزائی کے پیش نظر میں نے اس بات کا وعدہ کرلیا کہ لندن جانے کے بعد ان سے میں یقینی طور سے رابطہ رکھوں گا جو میرے لیے نہایت ضروری اور باعثِ فخر ہوگا۔

خان صاحب اپنی تمام تر مصروفیات کے باوجود اپنے دوست احباب اور ملنے جلنے والوں کے خطوط کا تن دہی سے جواب دیتے تھے۔خان صاحب کی شخصیت کا یہ نہایت ہی قابل تعریف گُن تھا۔کتنی باتیں ان کے تحقیقی کاموں سے متعلق اس وقت ذہن میں محفوظ تھیں جن سے میں اپنی علمی تشنگی سیراب کرنا چاہتا تھا لیکن بدقسمتی سے اس اولین مختصر ملاقات کے موقعے پر مجھے ہمت ہی نہیں ہوئی کہ میں کچھ کھل کے پوچھ سکوں۔بہر حال اس کے بعد خان صاحب کی جانب سے مراسلات کی ابتدا ہوئی۔جب ان کی جانب سے پہلا خط موصول ہوا تو ایک عرصے تک جواب دینے کی جرأت نہیں کرسکا ہمیشہ یہی ڈر لگا رہتا

کہ جواب لکھنے میں کہیں زبان و املا کی کوئی غلطی نہ سرزد ہو جائے اور خان صاحب اس پر خطِ تنسیخ کھینچ کر کہیں واپس نہ بھیج دیں۔ (شوقؔ صاحب مجھ سے بہر حال پہلے ہی اس نوع کے تجربے سے مجرب ہو چکے تھے) کیوں کہ میرا ان دنوں ہر سال ممبئی آنا جانا لگا رہتا تھا لہٰذا اس کے بعد جب ممبئی جانے کی نوبت آئی تو خان صاحب سے مل بیٹھنے کا موقعہ دستیاب ہو گیا۔ اپنی روانگی سے قبل ہی خط کے ذریعے اس دوران بمبئی میں خان صاحب کی جائے قیام کا پتا مل چکا تھا۔ وہ سنتا کروز کے کسی علاقے میں اپنے شاگرد بھوشن کے فلیٹ پر ٹھیرے ہوئے تھے۔ چنانچہ فون کر کے میں وقتِ مقررہ پر پہنچ گیا خان صاحب نہایت ہی شفقت و محبت سے پیش آئے۔ وہ شاکی تھے کہ میں ان کے خط کا جواب اکثر گول کر جاتا ہوں آخر کار میں نے اپنے اس اندیشے کا اعتراف کرنا اس وقت نہایت ضروری سمجھا۔ عرض کیا کہ کس طرح کچھ لکھنے کی جرأت کروں جب کہ میں اپنی تحریر میں زبان و بیان اور املا کی وہ تمام لغزشیں محسوس کرتا ہوں ہیں جن کی آپ نے اپنے مضامین میں سختی سے تنبیہ کی ہے۔ خان صاحب یہ سن کر بہت مسکرائے اور پھر مشفقانہ طور سے ایسی حوصلہ افزائی کی کہ میں نے خط و کتابت کا سلسلہ باقاعدگی سے جاری رکھنے کا عہد کر لیا۔

دورانِ گفتگو جب کچھ دیر بعد میری ہمت بندھی تو میں نے موقعہ غنیمت سمجھ کر خان صاحب کے تبصرے 'فیض کی شاعری کے چند پہلو' پر بحث چھیڑتے ہوئے اپنی رائے کا بہ مشکل تمام اظہار کر ہی دیا کہ جب تک آپ کا مضمون 'فیض کی شاعری کے چند پہلو' نظر سے نہیں گزرا تھا اس وقت تک میں فیض اور اس کی شاعری کے دامِ سحر میں نہ صرف دل و جان سے گرفتار تھا بل کہ ان کے حسنِ کلام کے عشق میں مبتلا تھا، جس کو آپ کے تبصرے نے سارا غارت کر کے رکھ دیا۔ خان صاحب نے ہنستے ہوئے میرے اس اَثر کی شدت سے نفی کی اور بڑی خندہ پیشانی سے اپنے مطمحِ نظر کی مدلل وضاحت کرتے ہوئے فرمایا فیض یقیناً اپنے عہد کا ایک اچھا شاعر ہے اور اس کی شاعری کا ایک مخصوص کلام بلا شبہ سحر انگیز

ہے ۔لیکن ۔اس کے بعد خان صاحب مسکرا کر چپ ہو گئے اور میرے سطحِ ذہن پر زبان و بیان کے عیوب سے متعلق وہ تمام اعتراضات فلیش بیک کی طرح ابھر آئے جو خان صاحب نے اپنے تبصرے میں فیض کی شاعری کے تناظر میں اٹھائے تھے مثلاً مطلق الحکم، آتش جرار، لاؤ سلگاؤ جوشِ غضب کا انگار، میٹھا نور، کڑوی آگ اور اس نوع کی کئی دیگر لغزشیں ۔ بہر حال یہ زبان کے ایک مستند مزاج داں کا بڑا پن تھا کہ مجھ مبتدی کے بے جا اور جذباتی تاثر کو سننا گوارا کرلیا۔(اس مضمون کی اشاعت کے ایک عرصے بعد لندن میں جب ایک فیض سیمینار کا انعقاد ہوا تو اس میں رشید حسن خان کو بھی مدعو کرنے کی تجویز پیش کی گئی جو فیض صاحب کی مرضی کے خلاف تھی لہٰذا ان کی خوشنودیِ خاطر کو ملحوظ رکھتے ہوئے، منتظمین نے شرکائے مندوبین کی فہرست سے رشید حسن خان صاحب کا نام خارج کرنا ہی بہتر سمجھا ۔) لیکن یہ حقیقت ہے کہ جب بھی خان صاحب کے اس مضمون کو پڑھتا ہوں تو ان کے بے لاگ تبصرے کے ذریعے شعری معائب ومحاسن کے رموز کا ادراک کرتا ہوں ۔ درحقیقت ادبی تنقید و آرا کے سلسلے میں خان صاحب نے مروت، خیالِ خاطرِ احباب، خوشنودیِ اربابِ اقتدار اور مصلحت پسندی کو قطعاً آخر دم تک کوئی اہمیت نہیں دی ۔ادبی تبصروں، تحقیقی مقالوں اور تنقیدی تجزیوں میں ان کی حق گوئی اور بے باکی فقید المثال ہے ۔وہ ساری عمر اپنی فکر و آرا کے اظہار میں تمام تر مصلحت اندیشیوں سے بالاتر رہے۔ یہ خان صاحب ہی کا صائب ، بے باک مدلل تبصرہ تھا کہ جب علی گڑھ تاریخِ ادب اردو کی پہلی جلد ۱۹۶۲ء میں شائع ہوئی تو علی گڑھ گرانٹس کمیشن نے بعد کی اشاعت کو منسوخ کردیا۔ اور جب مالک رام کا مرتب کردہ دیوان غالبؔ شائع ہو کر منظرِ عام پر آیا تو خان صاحب کے بے باک تبصرے میں اغلاط کی نشان دہی پر ادبی حلقوں میں مالک رام کی اس ادبی کاوش کی کوئی خاص پزیرائی نہیں ہوئی ۔بل کل اسی طرح جب ترقی بورڈ پاکستان کے سرکاری ادارے نے اردو لغت کی پہلی جلد شائع کی تو خان صاحب نے اس کے

مندرجات کے اغلاط پر تفصیل سے تبصرہ کیا جو بہت سراہا گیا لیکن جس کے نتیجے میں لغت کی تکمیل کا کام معرض التوا میں پڑ گیا اور لغت کے مدیر کو اپنی ملازمت سے بھی ہاتھ دھونا پڑے۔اس کے علاوہ اردو ساہتیہ اکیڈمی کی شائع کردہ ڈاکٹر محی الدین قادری زور کی تصنیف اردو شاعری کا انتخاب' اور پاکستان کے مشہور اہلِ قلم ڈاکٹر جمیل جالبی کی چار جلدوں پر مشتمل تاریخ اِردو کے ہندوستانی ایڈیشن ۱۹۷۷ء پر خان صاحب نے جو تبصرہ تحریر کیا اس پر خان صاحب کی نشان دہی کے سبب قدیم مصنّفین وشعرا کے اقتباسات وکلام کے غیر مستند ومشکوک حوالوں کی کئی خامیاں ادبی حلقوں میں زیر بحث آگئیں اور پھر دونوں کتابوں کی اہمیت مفروضوں اور قیاس آرائی کے تناظر میں مشکوک وغیر معتبر ہوگئی۔عالی صاحب نے تاریخ زِبان اور تاریخ ِادب دونوں کو اپنی تصنیف میں خلط ملط کر دیا تھا جس پر خانصاحب نے تبصرہ کرتے ہوئے بتایا کہ تاریخ نویسی کے مبادیات اور اس کے موقف سے یہ صریحاً انحراف ہے جو مولف کی کوتاہی کی آئینہ دار ہے۔بعنیہ اسی نوع کے اغلاط سے زورؔصاحب کی تالیف بھی اہلِ نقد ونظر کے ادبی حلقوں میں گم راہ کن قرار پائی۔

خانصاحب سے دراصل میرے ابتدائی روابط ۱۹۸۹ء سے قائم ہوئے تھے اس وقت تک میں اُن کے اِن تنقیدی تبصروں اور تحریروں کا بغور مطالعہ کر چکا تھا، چنانچہ تنقید، تدوینِ متون اور قواعد املا کے تناظر میں خانصاحب کی ژرف نگاہی۔تبصروں اور تجزیوں میں ان کا بے باک استدلال اور حق گوئی کا شروع ہی سے بے حد مداح اور معتقد تھا اور مجھے اس بات کے اعتراف میں بے انتہا فخر ہے کہ خان صاحب اور ان کی تحقیق و تنقید کی تحریروں اور مختلف سیمناروں سے ہی میں نے صحیح انداز سے اردو بولنے، لکھنے اور پڑھنے کی کوشش کی ہے۔اور یہ عمل ہنوز جاری ہے اگرچہ خان صاحب افسوس! اب ہمارے درمیان نہیں ہیں تاہم ان کا ایک وقیع ومعتبر ادبی سرمایہ کتابوں میں محفوظ ہے جو میرے نزدیک علم کے ایک سرچشمے سے کم نہیں ہے اور میں سمجھتا ہوں کہ اردو ادب سے

متعلق ہر تخلیقی وتحقیقی کاوش میں اس کے ذریعے رہنمائی حاصل کی جا سکتی ہے۔

خان صاحب اور میرے درمیان ان کی حین حیات میں صرف چند برسوں، خط و کتابت قائم رہی ان خطوں میں کی ہوئی باتیں کچھ حد تک ذاتی نوعیت کی بھی ہیں تاہم میں نے یہ سوچ کر ان کو یہاں شامل کرنا اس لیے مناسب سمجھا کہ ان خطوں کے ذریعے خان صاحب کے ادبی کردار کے علاوہ ان کی انسانی ہمدردی، ان کی انکسار پسندی اور ان کی شفقت ومحبت کے انسانی جذبات اور ان کی وضعداری جیسے اوصاف کا بھی بہ خوبی اندازہ ہو سکتا ہے۔ جو میرے خیال میں ان کی مکمل شخصیت کا مزید ادراک کرنے کے لیے اہم ہیں۔ *

خان صاحب کی طبیعت، ان کی زندگی کے آخری چند برسوں میں ہی اکثر خراب رہنے

---

* اسی سلسلے میں ڈاکٹر ٹی آر رینا (تیرتھ رام رینا) کی برسوں کی جستجو اور کدوکاوش سے مرتب کردہ ایک ضخیم کتاب بعنوان رشید حسن خان کے خطوط زیورطبع سے آراستہ ہو کر ۲۰۱۱ء میں منظرِ عام پر آچکی ہے۔ ڈاکٹر ٹی آر رینا کے مراسم رشید حسن خان سے مسلسل آخر دم تک قائم رہے۔ ان کے شائع کردہ خطوط سے سے خان صاحب کے حالاتِ زندگی ان کے کچھ ذاتی اور خانگی واقعات ومسائل، اپنے ہم عصروں سے ان کے سماجی اور ادبی روابط اور اپنے متعلقین واحباب سے ہمدردانہ تعلقات ومعاملات۔ اپنی تحقیقی اور تخلیقی مصروفیت اور ادبی سیمینار اور اجلاس میں شرکت کے لیے مختلف سفر، غیر مصلحت پسندانہ مزاج اور حق گوئی سے مملو مختلف انسانی اقدار کا، قاری کو ایک واضح اندازہ مل جاتا ہے۔ یقیناً مولف کے لیے یہ ایک بہت ہی اہم لیکن صبر آزما اور جان لیوا کام رہا ہوگا۔ اس کتاب کی اشاعت کے بعد جب کچھ عرصہ قبل میری رانا صاحب سے ٹیلیفون پر گفتگو ہوئی تو انکشاف ہوا کہ انھوں نے خانصاحب کے کچھ اور خطوط حاصل کر کے ان کو بھی مرتب کر لیا ہے اور وہ دیگر خطوط کی دوسری جلد بھی عنقریب شائع کرنے میں مصروف ہیں جو میرے خیال میں اب شائع ہو کر منظر عام پر آچکی ہوگی۔ ایک عرصہ قبل جب خان صاحب کے خطوط رانا صاحب اشاعت کے لیے مرتب کر رہے تھے اس وقت میرے کرم فرما الیاس شوقی صاحب نے خانصاحب کے وہ خطوط جو انھوں نے مجھے لکھے تھے میری اجازت سے رانا صاحب کو بغرضِ اشاعت ارسال کر دیے۔ لیکن تاخیر سے ملنے کے سبب رانا صاحب (بقیہ اگلے صفحے پر)

لگی تھی۔ اس دوران وہ اختلاجِ قلب اور فشار خون وغیرہ جیسے عارضوں کے سبب ہسپتال میں طبی معائنے کے سلسلے میں اکثر ڈاکٹروں سے رجوع بھی ہوتے رہے۔ طبیعت کی اس مسلسل ناسازی کے باعث شاہجہاں پور سے باہر ادبی سرگرمیوں میں شریک ہونے کے سلسلے میں گھر سے باہر نکلنا اب ان کے لیے مخدوش ہو چکا تھا تاہم جب بھی علاج معالجے سے قدرے فراغت ملتی وہ اپنے ادبی مطالعے اور لکھنے کے لیے وقت نکال لیتے تاکہ اپنے جاری ادبی کاموں کو جلد از جلد سمیٹ سکیں۔ لیکن افسوس قضاو قدر نے انھیں اس کی مہلت ہی نہیں دی اور وہ ہم سبھوں سے ہمیشہ کے لیے بچھڑ گئے۔ ان کے انتقال سے کچھ عرصہ قبل ہی میں لندن میں تھا۔ مجھے ان کی علالتِ طبع کا علم ہوا۔ چنانچہ میں نے ہندوستان جانے کا پروگرام مرتب کر لیا۔ ممبئی میں ان دنوں میرے ایک ڈرامے کی کتاب زیرِ طبع تھی۔ جیسے ہی میں ممبئی پہنچا میں نے شوقی صاحب کے ساتھ شاہ جہاں پور جانے کی تاریخ بھی طے کر لی۔ جانے سے کچھ ہی دن قبل میں اس روز شوقی صاحب کے گھر میں انھیں کے ساتھ مل کر اپنی زیرِ طبع کتاب کے فائنل مسودے کی پروف ریڈنگ کر رہا تھا کہ اسی اثنا ٹیلیفون پر شوقی صاحب کو خان صاحب کے انتقال کی جان کاہ خبر موصول ہوئی جس کو سن کر ہم دونوں پر اس صدمے کا ایسا اثر ہوا کہ جیسے سکتہ طاری ہو گیا ہو۔ نہ جانے وہ لمحات کس طرح گزرے۔ تھوڑی دیر بعد ممبئی میں جو بھی خان صاحب کے واقف کار تھے شوقی صاحب کا موبائل بڑی دیر تک ان سے رابطے میں مصروف رہا۔ لیکن میں آب دیدہ، اسی سوچ میں غرق تھا کہ کاش ہم دونوں اسی دن شاہ جہاں پور چلے جاتے جس دن میں

(صفحہ ۱۴۴ سے آگے) کے پہلے مجموعے میں وہ شامل نہیں ہو سکے۔ ممکن ہے کہ اب ان کی دوسری جلد میں وہ چھپ چکے ہوں گے۔ جب میں نے ان سے فون پر اپنی کتاب میں انھیں شامل کرنے کے بارے میں ذکر کیا تو انھوں نے اس پر کوئی اعتراض نہیں کیا غرض کہ رانا صاحب نے جس جانفشانی، صبر و استقلال اور عرق ریزی سے اس مجاہدانہ ادبی کام کو سر انجام دیا ہے فی زمانہ اس کی مثال بہت کم ملتی ہے وہ بلاشبہ اس کارخیر کے لیے ہم سب کی جانب سے مبارک باد کے مستحق ہیں۔

ایر پورٹ پر اترا تھا۔

ایک روشن دماغ تھا نہ رہا
شہر میں اک چراغ تھا نہ رہا

خداوندِ کریم سے دعا ہے کہ انھیں وہ اپنے جوارِ رحمت میں جگہ عطا فرمائے اور اپنی عافیت میں رکھے (آمین) آخر میں بغیر کسی مبالغے کے اعتراف کرنا چاہوں گا کہ مخدومی مرحوم رشید حسن خان صاحب کے خطوط کو آج پھر بہ غور پڑھنے کے بعد بے اختیار آنکھیں بھر آئی ہیں اور کچھ لکھنے کہنے کی جسارت کرنا میرے لیے اس قدر مشکل ہو گیا ہے کہ میں بیان نہیں کر پا رہا۔ ایسا محسوس ہوتا ہے کہ خان صاب سامنے تشریف فرما ہیں اور مجھ سے بن نہیں پڑ رہا کہ میں جو کہنا چاہتا ہوں اس کو کس طرح صحیح طور سے موزوں الفاظ میں ادا کر سکوں۔

’تیری دانش میری اصلاحِ مفاسد کی رہین‘

■■

رشید حسن خاں بنام رفعت شمیم

بمبئی 31 جنوری 98
شمیم صاحب!
توقع کرتا ہوں کہ آپ بہ عافیت ہوں گے۔ بھائی! میں پچھلے چار مہینوں سے آپ کے خط کا انتظار کر رہا ہوں۔ وعدہ کب وفا ہوگا۔ آپ نے تو کہا تھا کہ آپ جاتے ہی خط لکھیں گے اور لکھتے رہیں گے۔ آخر مجھ سے اِس قدر ناراض یا بیزار کیوں ہیں؟ کچھ تو بتائیے۔
جیتندر بلّو صاحب سے یہاں ملاقات ہوئی، اُنھی کے توسط سے یہ پرچہ بھیج رہا ہوں۔ یقین ہے کہ یہ آپ تک ضرور پہنچے گا۔ کیا اب خط کی راہ دیکھوں؟
میرا نیا پتا یہ ہے:

C/o Mr. Bhooshan Kumar
B-27, Ankur Housing Society,
Anand Nagar,
Santacruz (East)
Mumbai - 400 055.

9 ٹیچرس کورٹ، گائر ہال، دہلی یونی ورسٹی،
دہلی 7

شمیم صاحب! آداب

آپ کا خط مرقومۂ 23 جولائی کئی پھیر کھانے کے بعد مجھ تک پہنچا۔ پڑھ کر جی خوش ہوا۔ آپ نے میرے متعلق جو حُسنِ ظن قائم کیا ہے، وہ خود آپ کی معقولیت اور خوش ذوقی پر دلالت کرتا ہے۔ اس خط میں بس کمی یہ ہے کہ آپ نے اپنا تعارف نہیں کرایا، حالاں کہ یہ ضروری بات تھی۔ اب کے خط میں ضروری تفصیلات ضرور لکھیے۔ اور ہاں، جس پہلے خط کا آپ نے حوالہ دیا ہے، وہ مجھے نہیں ملا تھا۔ یاد پڑتا ہے کہ الیاس شوقی صاحب نے ایک بار آپ کا نام تو لیا تھا، مگر باضابطہ تعارف نہیں کرایا تھا۔ میری نئی کتاب 'فسانۂ عجائب' آئی تھی، کیا یہ آپ کی نظر سے گزری؟؟ اب 'باغ و بہار' کا نمبر ہے۔ شاید دو تین مہینے میں چھپ جائے گی۔ 'فسانۂ عجائب' لاہور سے بھی چھپی ہے، ادارۂ نقوش کی طرف سے۔ آپ یہاں ہوتے تو تحفتاً آپ کو پیش کرتا، اس سے مجھے صحیح معنی میں مسرت حاصل ہوتی۔ پہلے کتاب کا چھپنا مشکل ہوتا تھا۔ اب کتاب کا چھپنا تو اُتنا مشکل نہیں رہا، مگر اب اصل شکل یہ بہر حال ہوگئی ہے کہ قاری کو تلاش کیا جائے۔ سنجیدہ کتابوں کے پڑھنے والے اب کم سے کم ہوتے جارہے ہیں اور یونی ورسٹیوں کے اساتذہ نے تو پڑھنا بالکل چھوڑ دیا ہے، اس بنا پر جب کسی خوش ذوق کا پتا لگتا ہے تو بے اختیار جی چاہتا ہے کہ اُس کو کتاب دی جائے۔ اس کا واقعی افسوس ہے کہ یہاں آپ سے ملاقات نہیں ہوسکی۔

یہ تو آپ کو معلوم ہوگا کہ ۱۸/اپریل کو دل کا شدید دورہ پڑا تھا، اب تک اُس کے اثرات سے نجات اصل نہیں کرسکا ہوں۔ مہینا بھر نرسنگ ہوم میں رہا، اور اب بھی برابر دوا جارہی

ہے اور چک اَپ ہوتا رہتا ہے۔ یوں لکھنے پڑھنے کا کام رُک سا گیا ہے۔ دُعا کیجیے کہ جلدی صحت بحال ہو۔

آپ کے پتے سے میں یہ اندازہ نہیں کر سکا کہ آپ کس جگہ ہیں۔ وہاں کے ناموں سے میں آشنا نہیں، بس لندن کا نام سنا ہے، یوں کہ وہاں دو بڑے کتاب خانے ہیں، بلکہ تین۔ ذرا یہ تو لکھیے کہ آپ لندن سے کتنی دور ہیں۔ میرے ایک عزیز ترین شاگرد ناصرالدین احمد لنکاشاعر میں ہیں، یوں اُس مقام کا نام ذہن آشنا ہے۔ میرا پتا اس خط میں درج ہے، اب آپ بہ راہِ راست مجھے خط لکھ سکتے ہیں۔

خدا کرے آپ مع متعلقین بہ عافیت ہوں۔

مخلص

رشید حسن خاں

27/اگست 1991ء

B/27، انکر ہاؤسنگ سوسائٹی،
آنند نگر، سانتا کروز (ایسٹ)
ممبئی۔ 400055
17/ اگست، 1998ء

محبی شمیم صاحب!

میں یہاں یکم اگست کو پہنچا۔ یہاں گھر کے بدلنے کا مسئلہ درپیش تھا، آٹھ دن اِسی میں نکل گئے، تب کہیں جا کے یہ طے ہو پایا کہ ابھی سال چھ مہینے یہیں رہنا ہے۔

پچھلے تین دنوں سے طبیعت کچھ یوں ہی سی تھی، موسمی اثرات تھے شاید۔ اب ٹھیک ہوں۔ آپ کی یاد بے اختیار آئی اور آتی رہی ہے۔ یہاں آ کر بھوشن نے آپ کا خط دیا جو آپ نے اُن کو لکھا تھا۔ بھائی! آپ نے شاہ جہان پور خط کیوں نہیں لکھا؟ میری مشکل یہ تھی کہ میرے پاس آپ کا پتا نہیں تھا، یوں کہ پچھلی بار آپ سے طے ہوا تھا کہ آپ خط لکھیں گے، اُس میں پتا بھی لکھیں گے، تب میں خط لکھ سکوں گا۔

میری نئی کتاب 'مثنویاتِ شوق' چھپ کر آ گئی ہے۔ اردو کی سب سے فحش مثنوی 'بہارِ عشق' بھی اس میں شامل ہے۔ جس میں وصل بالجبر کی جملہ تفصیلات کو نظم کیا گیا ہے، اور 'زہرِ عشق' بھی ہے، جو غم کی داستان ہے۔ اس کے مقدمے میں (جو طویل ہے) میں نے لکھنؤ کی عزاداری اور عیاشی کے اسباب پر ذرا سی گفتگو کی ہے، اس ذرا سا گفتگو پر سارے لکھنؤ کے میر صاحبان برہم ہیں اور باجماعت تبرا بھیجنے میں مصروف ہیں۔ آپ یہاں ہوتے تو بڑا مزہ آتا۔ کتاب آپ کے لیے محفوظ کر لی ہے، کبھی تو اِدھر کا پھیرا ہو گا۔

شوق صاحب سے ملاقات ہوئی، آج بھی اُنھیں آنا ہے، بس آتے ہی ہوں گے۔ آپ کے ڈراموں کا احوال کیا ہے اور آج کل مصروفیت کیا ہے۔ یہاں کا پتا آپ کے پاس ہے

اور فون نمبر بھی، اب جلدی سے اچھا سا خط لکھیے اور اپنی اور اپنی خیریت سے مطلع کیجیے۔فون نمبر ہے:6102068

بیگم صاحبہ سے میرا اسلام کہیے اور اِدھر اُدھر کوئی اچھی صورت نظر آجائے تو میری طرف سے بھی درود پڑھ لیجیے گا۔اب آپ یہاں کب آئیں گے؟

خدا کرے آپ بہ عافیت ہوں۔

رشید حسن خاں

شاہ جہان پور

26/فروری 1999ء

شمیم صاحب! آداب

ایک مدت کے بعد آپ کا خط ملا تھا۔ اس سے معلوم ہوا کہ آپ چھے مہینے تک اسلامی کیمپ میں قیدی بنے رہے۔ خوب ہے یہ بھی۔ ارے بھائی! آپ وہاں گئے ہی کیوں تھے۔ وہ سرزمین اب بریلیوں، دیوبندیوں اور جماعتِ اسلامی والوں کے لیے ہے، یہی عقل سے پیدل لوگ وہاں بہ خیر وخوبی رہ سکتے ہیں۔

میں ٹھیک ہوں۔ خیال یہ ہے کہ اپریل کے آخر میں بمبئی جاؤں گا۔ تب تک آپ کا ایک خط تو شاہ جہان پور کے پتے پر آسکتا ہے۔ ازراہِ لطف ہی اپنی خیریت سے مطلع کیجیے۔ میں حسبِ معمول اپنے کاموں میں مصروف بل کہ مبتلا ہوں۔ چوں کہ کچھ اور نہیں کرسکتا اسی لیے قلم گھستا رہتا ہوں۔ شوقی صاحب نے سارے روابط توڑ لیے ہیں، اس طرح کہ وہ نہ خط لکھتے ہیں اور نہ خط کا جواب دیتے ہیں۔ مجھے آپ کے مفصّل خط کا انتظار رہے گا۔

رشید حسن خاں

ہاں بمبئی کا پتا بدل گیا ہے اور فون نمبر بھی۔ اب جب آپ کا خط آئے گا تو دونوں باتیں لکھوں گا۔

شاہ جہان پور

11/فروری،2000ء

محبّ مکرمی!

آپ کے دو خط پیش نظر ہیں۔ ایک وہ جو بمبئی سے بھیجا تھا اور دوسرا وہ جو لندن سے بھیجا ہے۔ جواب میں تاخیر دانستہ کی گئی۔ وجہ یہ تھی کہ میں آج کل ٹھگوں کی زبان کا مکمل لُغت مرتب کر رہا ہوں اور اُس کے لیے ہنری ولیم سلیمن کی ایک انگریزی کتاب 'رامیانا' کی ضرورت ہے جو انڈیا آفس لندن کی لائبریری میں ہے اور اُس وقت تک اور کہیں اُس کا پتا نشان نہیں ملا تھا۔ اُس کا لائبریری نمبر منگایا، پھر چاہتا تھا کہ آپ کو لکھوں کہ اس کا عکس حاصل کر لیجیے میرے لیے، اتنے میں اطلاع ملی کہ دہلی میں برٹش کونسل کے ایک ذخیرے میں موجود ہے۔ یہ اطلاع پرسوں ملی۔ کل دہلی ایک کرم فرما کو لکھا کہ اُس کا عکس بنوا دیں۔ اب وہ اُلجھن ختم ہوئی اور یوں اب خط لکھنے بیٹھا ہوں۔

کتابیں دونوں ملی تھیں۔ آپ نے خوب کام کیا ہے۔ مجھے دونوں کتابیں پسند آئیں۔ فن کی داد تو اہلِ فن دیں گے۔ میں تو عام قاری ہوں اور عام قاری کے طور پر لُطف اندوز ہوا، یوں آپ کا یہ کام داد طلب ہے۔ چھپی بھی خوب ہیں، بہت دیدہ زیب۔ اب آپ کی مزید کتابوں کا انتظار رہے گا۔ آپ نے یاد رکھا اس کے لیے ممنون ہوں۔

شوقی صاحب کا خط بھی آیا تھا اور فون بھی۔ اس ہفتے میں وہ ایک نئے حادثے سے دو چار ہو گئے۔ تنخواہ لے کر کالج سے نکلے تھے، یعنی بینک سے، بیگ میں سب رقم تھی، وہ کوئی راہ زن چھین کر چمپت ہو گیا۔ یہ بات اُنھوں نے فون پر بتائی تھی، بہت افسردہ لہجہ تھا۔ مجھے بہت قلق ہوا اور بہت افسوس ہوا۔ اسے کہتے ہیں کوڑھ میں کھاج۔

آپ کا علاج وہاں شاید بہت اچھی طرح نہیں ہو پائے گا، آپ علاج کے لیے تو یہیں

آجائیے۔ مہینے دو مہینے میں بالکل ٹھیک ہوجائیں گے۔اس طرح آپ سے ملاقات کی صورت بھی نکل آئے گی، میری صحت بس ٹھیک ہی ہے۔جب تک قلم کی سیاہی خشک نہ ہو، طبیعت ٹھیک ہے۔

بھائی! دل لگارہتا ہے، مہینے میں ایک خط ضرور لکھیے۔منتظر رہوں گا۔

رشید حسن خاں

شاہ جہان پور
4/اپریل 2000ء

شمیم صاحب!
آپ کا خط مرقومہ 29/فروری مجھے اب ملا ہے جب میں حیدر آباد، ممبئی اور دہلی کے سفر سے واپس آیا ہوں۔ مہینا بھر سے زیادہ باہر رہا۔ شوقی صاحب سے برابر ملاقات ہوتی رہی۔ آپ کی نوازشِ خاص کے بہت مدّاح تھے اور آپ کے وہ ہمیشہ قائل رہے ہیں۔ ہاں، اُس گم شدہ، یعنی چوری شدہ تصویر کی ایک کاپی میرے پاس محفوظ ہے، اگر ضرورت ہوئی تو میں اُن کو دے دوں گا۔
جس لغت کا آپ نے ذکر کیا ہے، شاید وہ میرے مطلب کا نہیں ہوگا۔ میں ٹھگوں کی زبان کا لغت مرتب کر رہا ہوں جو اردو میں ہوگا۔ آپ کا لغت ظاہر ہے کہ انگریزی زبان کے الفاظ پر مشتمل ہوگا اور اُن کا صرف یہاں نہیں ہو سکے گا۔ ہاں اردو الفاظ کا لغت ہوتا تو میرے کام کا ہوتا۔
میری دو کتابیں چار پانچ مہینے میں چھپیں گی، دونوں آپ کے پاس پہنچیں گی۔ ’مثنویاتِ شوق‘ کی پسندیدگی کا شکریہ، مجھے اب اطمینان ہوا کہ یہ کام کچھ ڈھنگ کا ہوا ہے۔
کبھی کبھی خط لکھتے رہا کیجیے۔
رشید حسن خاں

شاہ جہان پور

30/جولائی 2002ء

عزیز مکرّم رفعت شمیم صاحب! بہت سی دُعائیں۔

آپ کا خط مرقومہ 3/جولائی 2002ء ملا تھا۔ دوا اور ڈاکٹر کے پھیر میں ایسا آگیا ہوں کہ سارے کام بگڑ جاتے ہیں۔ خطوں کا ہر وقت جواب بھی نہیں دے پاتا۔ تاخیرِ جواب کی معذرت۔

ویسے تو میں ٹھیک ہوں کہ اصل مرض قابو میں ہے، مگر اب دوسرے امراض کی باری ہے، جیسے سب راستہ دیکھ رہے ہوں۔ بڑھاپے میں پیشاب والی جو تکلیف عموماً پیدا ہو جایا کرتی ہے وہ ذرا اُبھر آئی ہے۔ شاید آپریشن کرانا پڑے گا۔

گھٹنے تو بے کار ہو ہی گئے ہیں۔ مگر اُس کا ذرا بھی غم نہیں، یوں کہ میں گھر سے باہر کہیں جاتا ہی نہیں۔

دل والی کیفیت قابو میں ہے، مگر ڈاکٹری ۔۔۔۔ کے مطابق بیسویں دن چک اَپ کے لیے جانا پڑا ہے۔ اصل میں اب اسپتال اور ڈاکٹروں کی دکان میں اور کچہری میں کچھ فرق نہیں رہ گیا ہے۔ وہی لوٹ پاٹ۔ مگر یہاں آدمی لُٹنے کے لیے مجبور ہوتا ہے، کرے گا بھی کیا۔

میں کلیاتِ جعفر زٹلّی مرتب کر رہا ہوں۔ ابھی سال ڈیڑھ سال اور لگے گا۔ اگر تب تک دواؤں نے اور ڈاکٹر نے کام تمام کرنے کا اہتمام مکمل نہیں کر لیا۔ ٹھگوں والی کتاب چھپنے گئی ہے، شاید مہینا ڈیڑھ مہینا لگے گا۔ آپ کے پاس پہنچے گی اور ضرور پہنچے گی۔

ہاں آپ نے تفصیل پوچھی ہے۔ کیا لکھوں۔ مئی کے شروع میں شدید ہارٹ اٹیک ہوا تھا۔ یہ دوسرا اٹیک تھا۔ پہلا اٹیک ۱۹۹۹ء میں ہوا تھا جب میں دہلی میں تھا۔ چوں کہ یہ دوسرا

اٹیک تھا، یوں اس کے اثرات بھی گہرے تھے۔ نقاہت ابھی تک ہے۔ دوائیں برابر کھا رہا ہوں اور ہر بیسویں دن چیک اپ کے لیے جانا پڑتا ہے۔ یہ ہے تفصیل۔ یوں آپ نے تفصیل پوچھی تھی، یوں یہ بات لکھی گئی، ورنہ کیا لکھتا۔ آ کے خط سے معلوم ہوا کہ وہاں بھی ڈاکٹروں کی کرم فرمایاں یہاں سے کم نہیں، کیا کیا جائے۔ یہ اللہ کے نہیں، پیسے کے بندے کپڑے تک اُتروالینا چاہتے ہیں۔ مگر ہوی بات کہ مجبوری ہے۔ سو میں آج کل ان کے خاص التفات کا شکار ہوں۔ کب تک رہوں گا، معلوم نہیں۔ سوچتا ہوں کہ تعویذ گنڈے ہی کا کام شروع کر دوں۔ ان لوگوں کی منہ بھرائی کے لیے اور کیا کروں۔ اگر چہ جانتا ہوں کہ وہ کام بھی ہونے سے رہا۔ اس لیے آدمی کو جس قدر باضمیر بننا پڑتا ہے، ویسا نہیں بن پاؤں گا۔

اب مجھے آپ کی صحت کی فکر ہے، بھائی! اب کے ذرا جلدی خط لکھیے کہ خیرت معلوم ہو سکے۔ چشم براہ ہوں۔

رشید حسن خاں

رفعت شمیم

(شاعر اور تمثیل نگار)

رفعت شمیم کا بنیادی تعلق علی گڑھ سے ہے اور ان کی ابتدائی تعلیم بھی وہیں ہوئی۔ مگر اپنی ابتدائی تعلیم کے درمیان وہ اپنے والدین کے ساتھ ممبئی چلے آئے جہاں انھوں نے اپنی ثانوی تعلیم مکمل کی اور اُسی عرصے میں انھوں نے علی گڑھ یونی ورسٹی سے اردو فاضل کا امتحان بھی پاس کیا۔

رفعت شمیم کو اوائل عمر سے ہی تھیٹر سے والہانہ لگاؤ رہا ہے۔ کالج کے دوران وہ ممبئی کی مقامی تھیٹر تنظیموں سے عملی طور سے وابستہ ہو گئے۔ انھیں دنوں ریڈیو سیلون اور چند ایڈورٹائزنگ ایجنسیوں میں فری لانس اسکرپٹ رائٹر کی حیثیت سے بھی کام کیا۔ ممبئی یونیورسٹی سے اردو اور انگریزی میں پوسٹ گریجویٹ کرنے کے بعد انھوں نے فلمی دنیا میں قدم رکھا اور گرودت فلم ادارے سے وابستہ ہو گئے جہاں ابرار علوی کی عارضی برطرفی کے ایام میں انھوں نے بطور رائٹر گرودت کے ساتھ ہندوستانی عدلیہ کے ماضی کے ایک مشہور ُبوال سنیاسی' کیس کی تھیم پر مرکوز فلم اسکرپٹ اور اسکرین پلے پر کام کیا (لیکن افسوس، گرودت کی ناگہانی موت کی وجہ سے وہ فلم، اسکرپٹ کی فائلوں تک محدود رہی) گرودت کے انتقال کے بعد انھوں نے سی، ایچ رویل پروڈکشن میں مکالمہ نگار کی حیثیت سے ملازمت اختیار کی اور فلم ''بدنام فرشتے'' کے مکالمے تحریر کیے۔ (جس میں منوج کمار اور سعیدہ خان نے مرکزی کردار کے رول ادا کیے ہیں۔) لیکن کچھ عرصے بعد انھوں نے فلمی کیریر کو ہمیشہ کے لیے خیر باد کہہ دیا اور چھوٹے پیمانے پر اپنی ایک ذاتی

ایڈورٹائزنگ ایجنسی قائم کرلی۔رفعت شمیم نے اپنی تعلیم کے اختتام کے بعد بھی ممبئی میں اس دوران تھیٹر سے متعلق اپنی سرگرمیاں باقاعدگی سے جاری رکھیں۔اس کے بعد ۱۹۶۸ کے اواخر میں انگلستان منتقل ہو گئے لیکن مغرب میں رہ کر بھی وہ اپنی مشرقی فکر وتہذیب اوراپنی زمینی اقدار کو کبھی نہیں تیاگ سکے۔ریٹائرڈ ہونے سے قبل انھوں نے کنگ عبدالعزیز یونی ورسٹی سعودی عرب میں بطور لیکچرار بھی کچھ عرصے تک کام کیا۔پھر مکمل ریٹائرڈ ہونے کے بعداب وہ لندن میں اپنی ادبی اور تمثیلی کاوشوں میں اکثر وبیشتر مشغول نظر آتے ہیں رفعت شمیم کی شائع ہونے والی شعری تصانیف میں اب تک تین اردو مجموعے 'شب گزیدہ سحر'، 'سمٹتی دھوپ'، 'ریت کا سمندر' اور ہندی کا ایک شعری مجموعہ 'ایک انش دھوپ کا' شامل ہیں۔

اس کے علاوہ اُن کی جو دیگر تخلیقات شائع ہوئی ہیں، وہ سب تھیٹر اور ڈرامے کے موضوعات پر مشتمل ہیں، جن کے عنوان حسبِ ذیل ہیں:

۱۔ یہ زندگی یہ تماشے ۲۔ شیشے کے کھلونے ۳۔ گھر کے چراغ ۴۔ جل کے آگ ہوئے ۵۔ ہوتا ہے شب وروز۔۔۔ ۶۔ دو اہم ڈرامے ('کنیادان' اور 'اس منجدھار میں') ۷۔ دہکتے انگارے (ہندی)

(مصنف کی بے نیازی اور انکسار کا عجیب عالم ہے کہ جب بھی موصوف سے ذاتی تعارفی نوٹ یا مضمون کا استفسار کیا جاتا ہے تو وہ اکثر یہ کہہ کر ٹال جاتے ہیں:۔

میری پہچان کا اب کوئی حوالہ بھی تو ہو
اپنا بے چہرہ تعارف میں کراؤں کیسے

ناشر

ڈراما: چمپا

ڈراما:
دہکتے انگارے

ڈراما: دو گز زمین

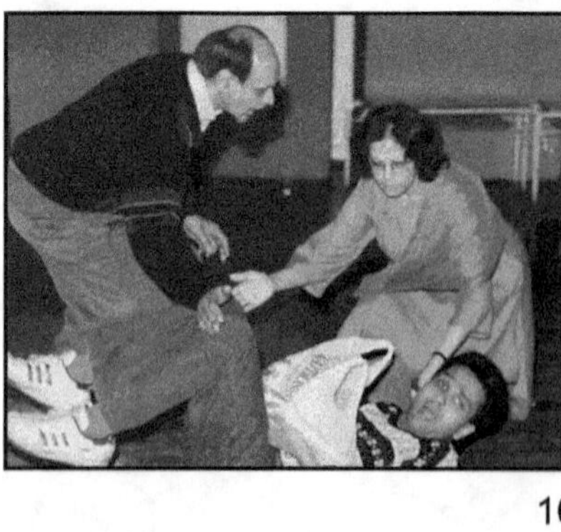

ڈراما: کنیادان